ART OF VOICE ACTING

음성 연기를 위한 호흡 · 소리 훈련

이항나 지음

연극과인간

머리말

대부분의 연기자들이 호흡과 소리 훈련을 단순히 신체적인 테크닉을 습득하는 과정이라고 생각하는 것 같다. 한 호흡에 최대한 많은 양의 대사를 한다거나, 대극장의 관객석 제일 뒷자리까지 나의 대사를 전달하기 위한 큰 소리와 명료한 발음을 얻기 위한 훈련이라고 이해하는 경우가 많다. 물론 맞는 말이다. 하지만 성량이 풍부한 소리와 명료한 발음은 음성 연기술의 한 부분이기는 하나 결코 전부가 될 수는 없다.

만약에 호흡과 소리 훈련을 이렇게만 이해한다면 영화 연기나 TV, 소극장 연극을 위해서는 아무런 훈련도 필요하지 않다고 결론지을 수도 있을 것이다.

또한 이렇게 한쪽으로만 치우친 훈련은 때때로 실전에서 무용지물이 되는 경우가 많다. 연기자들이 훈련을 통해 얻은 강하고 풍부한 소리와 많은 폐활량을 이용한 강하고 긴 호흡들이 정작 연기 중에는 적절히 사용되지 못하기 때문이다. 정서가 개입된 연기를 할 때는 이러한 훈련을 통해 습득한 기술을 하나도 제대로 사용하지 못하고, 충분한 호흡이나 공명을 가진 배우조차도 기관을 긴장시켜 쥐어짜는 소리로 연기를 하거나 격렬한 감정으로 인해 호흡이 불안정해져 오히려 진실한 정서의 전달을 방해하는 결과를 가져오기도 한다.

또한 소리와 호흡에 신경을 쓰게 되면 진실한 감정은 어느새 사라지고 기계적으로 음성을 조율하는 죽어 있는 연기를 하게 되는 것을 경험하게 된다. 우리는 프로 배우들 중에서도 아름답고 강한 음성 기관을 가졌으나 오히려 그 소리가 관객을 지루하게 하거나 전형적이고 죽어있는 인물을 창조해 내는 예를 쉽게 찾아 볼 수 있다. 허나 오히려 소리는 아름답지 않으나, 살아있고 정서가 꿈틀대는 인물을 만들어 내는 반대의 경우도 목격한다.

때문에 좋은 목소리를 가진 배우 중에는 자신의 좋은 목소리가 관객을 지루하게 만든다고 착각하기도 하지만, 실은 좋은 목소리가 관객을 지루하게 만드는 것이 아니라 내면을 실어 내지 못하는 좋기만 한 소리가 관객을 질리게 하는 것일 것이다.

호흡과 소리 훈련의 목적은 배우의 내면에서 일렁이는 정서의 파동을 진실된 호흡과 소리로 담아내는 과정이다.

우리의 소리와 호흡은 언제나 생각과 감정에서 시작되며, 이러한 소리와 호흡은 반드시 '언어 행동'과 '신체적 행동'을 만들어 낸다. 즉, 매순간 우리의 내면에서 섬세하게 요동치는 감정의 파편들을 담아 낼 수 있는 튼튼하고 자유로운 기관이 필요하며, 정서적 충동과 나의 신체를 연결시킬 수 있는 인식이 필요하다. 다시 말해 나의 욕구와 충동을 읽어 낼 수 있는 심리적인 기술과 그것을 호흡과 소리로 연결해 내는 음성 기관이 필요한 것이다.

이렇듯 **소리와 호흡 훈련을 연기 훈련의 연장으로 인식하는 것이 무엇보다도 중요하다.**

나 역시 이러한 인식을 가지기까지 많은 시행착오를 거쳤다.

80년대 후반 대학에서 공부할 당시 우리나라의 화술 수업은 대사 읽기 위주로 진행되는 경우가 대부분이었다. 물론 모두 그렇다고 볼 수는 없으나, 어미를 내리거나 올리는 것을 지적 받고, 발음을 교정하고, 때로는 띄어 읽기를 기계적으로 익히는 등이었으며, 그것은 성우나 아나운서의 훈련법과 크게 다르지 않았다. 간혹 복식 호흡을 익히기도 했으나 왜 복식 호흡을 해야 하는지에 대한 이해도 제대로 교육되어지지 않았을 정도로 음성 훈련에 대한 토대가 너무나도 미약하였다.

　　이후 러시아 유학 시절에야 비로소 나는, 나의 음성이 배우로서 적합하지 않다는 것을 자각하게 되었고, 소리와 호흡 훈련에 유난히 열의를 보이며 오랜 시간 개인 레슨을 받기도 했다.

　　체계적이고 과학적인 훈련법에 따라 음성 연기를 공부하면서 오랜 목마름은 해결되는 듯 하였으나, 여전히 음성 훈련을 연기와 연결시키지 못하는 나를 발견하며 답답함을 느끼기도 하였고, 무대에서 소리에 신경 쓰다가 감정을 잃어버리는 경험을 반복하면서 음성 훈련의 효용성에 관한 의문도 가졌다.

　　'러시아 대학 연합 화술 콩쿨'에 나가 수상을 하기도 하면서 외형적으로 크게 성장한 듯 보였으나, 나는 음성과 연기를 통합하는 시스템을 내 안에 창조하지 못했으며, 많은 의문들이 지워지지 않고 내내 숙제로 남아 있었다.

　　그러나 한국에 돌아와 배우로, 연출가로 활동을 시작하고, 학생들의 연기 트레이너로 강단에 서게 되면서부터 하나하나 조금씩 의문들을 풀어나가기 시작했다.

　　지금 우리 주변에 수많은 연기 메소드들이 존재하듯 '음성 연기'

훈련법도 수없이 많이 존재한다. 그 원리가 같다 하더라도 지도자의 개인적인 경험과 성향이 차별화된 훈련법으로 발전되어 그 방법은 모두 제각각이다.

예술가 모두가 항상 새로운 것을 만들어 내는 발명가이어야 하듯, 배우의 창조 과정 역시 수많은 연기 메소드를 기초로 하나하나의 깨달음을 통해, 자기 자신만을 위한 독특한 연기 메소드를 발명해 내는 과정이라고 말할 수 있다. 마찬가지로 '음성 연기' 훈련도 배우가 자기 자신과 만나는 심리적 통로를 찾아내고, 그것을 신체적 기술로 발전시키는 방법을 창조하는 과정인 것이다. 어쩌면 그 과정은 지극히 개인적인 것일 수도 있다.

이제 이 책을 통해 이러한 나의 경험을 담아내고자 한다. 물론 그것은 나만의 방법은 아닐 것이다. 나의 스승을 통해 얻은 것이고, 현장에서 만난 연출가들과의 작업을 통해서, 혹은 수업 시간의 제자들과 훈련하면서 깨달은 것들이다.

우리는 일상에서 아무런 불편 없이 매일 매일 음성을 사용하고 있다. 그럼에도 불구하고 음성 훈련이란 전혀 알지 못하는 새로운 무언가를 배우는 것과 마찬가지로 어려운 과정이라는 것을 많은 연기자들이 이미 경험했을 것이다. 이것은 아마 일상의 언어와 배우가 사용하는 언어 사이에 커다란 차이 때문일 것이다. 배우의 언어는 시(詩)적인 작가의 은유를 언어로 표현하는 기술을 지녀야 하며, 배역에 따라 변화해야 하고, 전달력을 가져야 하며, 진실하고, 자연스러워야한다.

따라서 음성 훈련의 첫 번째 목표는 오랫동안 길들여진 일상의 습관을 바꾸고 배우로서의 새로운 천성을 만들어가는 작업일 것이다. 우리는 그동안 별로 불편하게 생각하지 않았던 나의 호흡 습관과 소리를 새롭게 사용하는 법을 익혀야 하는 것이다. 이렇듯 음성 훈련 과정은 많은 인내와 지속적인 연습을 필요로 할 것이며, 본문의 내용들은 새로운 습관을 만드는 과정에 대한 안내라 해도 과장은 아니다.

하지만 아래의 정리된 훈련들은 배우가 스스로 무엇을 위해 어떠한 원리로 이러한 훈련들이 필요한 것인지에 대해 자각하지 못한다면, 아무런 의미가 없다. 원리나 개념 없이 훈련한다면 아래의 훈련들을 통해 전혀 효과를 볼 수 없을 것이다. 그러나 만약 그 원리를 파악한다면 여러분은 얼마든지 더 효율적이고 이상적인 훈련 방법으로 발전시킬 수 있으며, 자신에 맞는 훈련법을 발명할 수도 있을 것이다. 그리고 각자의 신체는 완벽한 소리를 내는 악기로써 훌륭한 연주를 가능케 할 것이다.

그러므로 앞으로 만나게 될 훈련들을 통해서 단순히 기관을 발달시켜 아름다운 소리를 얻는 데에만 그치지 말고, 자신의 무의식과 교류하고 소통하는 심리・신체적 과정으로써 아래의 훈련들을 받아들여주길 기대한다.

그러나 이 책을 내는 마음은 부끄럽고 민망하기 짝이 없다. 한국에 와서 한국인의 정서와 소리에 맞는 훈련법을 개발하고 우리의 언어 체계에 맞추어 연구해보리라는 결심을 실천에 옮기지 못하고 반쪽짜리 훈련서를 내놓게 되었기 때문이다.

허나 이것이 시작이 될 수 있다는 생각으로 감히 용기를 내본다. 그리고 이제 막 시작하는 연기자들과 내가 겪었던 오랜 혼란과 경험을 나누고, 그를 통해 '음성 연기' 훈련의 방향을 제시해 보고자, 조심스런 마음으로 그동안의 나의 훈련법들과 어설픈 이론들을 책으로 출간하게 되었다.

부족한 작업에 용기를 주신 정진수 선생님과, 나의 오랜 작업 과정의 증인인 김태훈 선생님께 진심으로 감사드리고, 빡빡한 일정 가운데서도 기꺼이 출간을 도운 든든한 제자 유지현과 송아영, 표지디자인과 그림을 도와준 유신애, 정윤, 그리고 기꺼이 출판을 맡아 주신 도서출판 연극과인간의 박성복 사장님과 식구들께 고마운 마음을 전한다.

끝으로 무지하고, 고집 세고, 자존심만 강한 나를……
인내와 사랑으로 가르쳐주신 예브게니 알렉산드로브나 선생님께
이 책을 바친다……

목 차

세 번째 훈련 단계 – '호흡 에쮸드' 만들기

네 번째 훈련단계 – 소리

다섯 번째 훈련 단계 - 텍스트 만나기

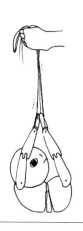

첫 번째 훈련 단계

긴장 · 이완

1. 긴장 · 이완이란 무엇인가?

연기자 훈련의 첫 단계로서 이완의 중요성이 무엇보다 강조되고 또 많은 연기자들이 불필요한 긴장에서 해방되길 간절히 원한다. 그리고 긴장 · 이완을 위해 많은 노력을 기울이나, 오히려 그러한 노력이 더한 긴장을 부르는 경우가 종종 있다. 혹, 연기자 혹은 예비 연기자들이 긴장과 이완의 실체를 제대로 파악하지 못하고 보이지 않는 적과의 싸움을 벌이고 있는 것은 아닐까?

대부분의 연기자들은 신체 훈련의 필요성을 인식하고 있다. 그러나 연기자를 위한 신체 훈련의 원리나 개념은 잘 파악하고 있는 것 같지 않다. 단순히 근육을 단련하거나 스트레칭과 아크로바틱 등의 훈련을 통해 유연성이나 순발력을 기르는데 그치는 경우가 많다. 연기자를 위한 신체 훈련, 더 나아가 호흡과 소리 훈련은 체력 단련이나 스포츠 선수들의 그것과는 분명히 다른 것이다. 원리나 개념을 제대로 이해하지 못한 트레이닝은 오히려 연기자의 신체에 치명적인

해를 입힐 수도 있는 것이다.

연기 훈련이란 신체적이며 동시에 심리적인 작업 과정이다. 연기는 자신의 몸을 도구로 사용하는 독특한 창조 양식이며 섬세한 감각과 신체의 무의식적인 조화를 요구하는 복잡한 과정이라 할 수 있다. 연기자는 소리와 움직임, 의식과 감정을 본능적이고도 무의식적으로 조정할 수 있는 기술을 체득해야한다. 인간의 무의식의 세계와 잠재의식을 창조해 내는 과정이라 하여도 과장이 아닐 것이다.

연기 훈련은 이러한 전제 하에 우리의 신체 각 부분과의 감각을 예민하게 인식하는 것에서부터 시작되고, 인식을 통해 창조적 에너지를 만들어 가는 작업이다. 나아가 연기자가 그러한 습관을 갖도록 훈련하는 과정인 것이다.

신체의 각 부분들은 우리가 의식하지 못하는 순간에도 끊임없이 순환하고 새로운 에너지를 창조한다. 또한 의식하지 않아도 항상 호흡하고 횡격막은 움직이며 각 근육들은 습관처럼 횡격막의 움직임을 도울 것이다. 이러한 근육의 움직임과 순환을 체험하고 컨트롤하여 호흡과 소리를 만들어 내는 이상적인 방법을 찾아, 그것을 습관화하는 첫 번째 과정으로써 신체와 첫 대면을 시작하는 긴장·이완의 훈련과정은 무척이나 소중하다.

그렇다면 이완의 상태란 과연 무엇인가? 대부분의 경우 잠자는 상태라 여길 것이다. 허나 잠자는 상태의 신체 에너지가 과연 배우가 생각과 감정을 원하는 대로 막힘없이 표현할 수 있는 조건인가라는 의문을 가질 것이다. 그렇다면 연기자에게 필요한 이상적 이완의 상태는 무엇이고 그러한 이상적 이완의 상태를 훈련하는 방법은 과연 무엇일까?

연기자의 신체와 소리는 흔히 악기에 비유된다. 잘 조율된 악기처럼 언제라도 연주자의 감성과 생각에 맞추어 아름답게 연주할 수 있도록 완벽하게 조율되어 있어야 한다. 이처럼 연기자의 신체는 튜닝이 끝나 연주를 기다리는 악기에 비유할 수 있다. 물론 완벽한 조율의 상태는 우리의 소리가 시작되고 탄생하는 마음에서부터 시작될 테지만 말이다.

즉, 이상적 이완의 상태는 행동의 정지나 휴식이 아니라 아름다운 연주를 위한 신체·심리적 준비 상태를 의미한다. 정적인 에너지가 아니라 오히려 동적인 에너지를 내포하는 것이다. 자유로운 에너지 방출과 표현을 위한 동적인 과정인 것이다. 수면의 상태도 아니고 에너지가 다 방출된 상태도 아닌 쓸데없는 긴장 없이 최소의 에너지로 원하는 것을 수행해 낼 수 있는 최적의 상태인 것이다. 호흡과 발성에 있어서 각 근육의 긴장과 이완의 상태를 연기자가 인지하고 조절하여 소리에 필요한 모든 에너지를 자유롭게 해방시키고, 그것을 인식해 조절해 나아가는 과정이 이완 훈련의 핵심인 것이다.

즉, 긴장·이완 훈련은 연기자 스스로 긴장과 이완의 상태를 정확히 인지하고 이상적 이완의 상태를 자신의 몸으로 체득하고 습관화하는 과정이라 말할 수 있다. 각 신체의 근육들은 상호 소통하고 작용한다. 바른 호흡은 알맞은 신체 상태를 만들어 내고, 이상적 신체의 자세는 올바른 호흡을 이끌어 낼 것이다. 또한 올바른 호흡과 근육의 유기적 움직임은 아름다운 발성을 창조한다. 이와 같이 연기자에게 이완 훈련은 자신의 신체와 대화를 시작하고 자신과의 대화를 만들어 가는 첫 과정인 것이다.

2. 긴장 · 이완 훈련

1) 긴장 · 이완의 원리

이완 훈련은 인식의 훈련이다. 신체 각 부분의 근육의 긴장과 이완의 상태를 예민하게 조절하여 호흡하고 발성하는데 최적의 상태를 찾아내는 것이다. 또한 그것을 기억해서 나의 의지에 의해 자유롭게 조절할 수 있는 능력을 훈련하는 것이다. 또한 일상생활에서도 습관화하여 그간의 습관을 버리고 새로운 습관을 창조하여, 연기자로서의 천성을 만드는 과정인 것이다. 신체의 상태를 배우 스스로가 자유롭게 조절함으로써 필요한 때, 필요한 근육만을 적절히 사용하여 불필요한 긴장을 극복하고 소리를 내는데 방해요소로 작용하지 않도록 해야 하는 것이다. 최고의 긴장 상태 후 찾아오는 완벽한 이완의 상태를 경험해 보고, 몸으로 또는 머리로 기억해서 습관화하는 것을 목표로 한다.

- 긴장 · 이완 훈련의 원리는 몸의 각 부분에 최대치의 긴장을 주어, 긴장 후의 완벽한 이완의 상태를 느끼고 기억하는 데 있다.
- 각 신체부위에 긴장상태와 이완의 상태를 기억, 그 차이를 인지하도록 훈련해야 한다.
- 이완의 상태를 머리 또는 몸으로 기억하여 일상생활에서도 유지될 수 있도록 노력한다.

2) 누워서 하는 긴장 · 이완 훈련

(1) 나의 몸과 대화하기

우리의 신체는 누워있을 때 가장 쉽게 이완을 느끼므로, 누운 상
태에서부터 훈련을 시작하도록 하자.

① 아름다운 해변에 따스한 햇볕이 내리쬐는 백사장에 눕는다. 솜
털처럼 부드럽고 폭신한 모래는 나의 몸을 편안하게 한다. 모
래 속으로 빠져 들어가는 듯하다. 편안함을 아이처럼 즐긴다.
하품을 한다. 소리를 내며 크게 두세 번 반복 한다.

② 누운 상태에서 주위에 들리는 작은 소리들을 듣는다. 아주 작

은 소리에 귀 기울이자. 평소에 눈치채지 못했던 작은 소리까지도 들으려고 노력하라. 이제는 상상의 귀를 열자. 아주 친숙한 장소를 떠올리자. 그곳을 지금 눈앞에서 보는 것처럼 생생하게 떠올리자. 이제는 그 영상에 사운드를 입혀라. 친숙한 소음을 상상의 귀를 열어 듣자.

③ 나의 의식을 몸으로부터 분리시킨다. 나의 영혼은 너무도 가볍다. 나의 의식은 몸에서 떨어져 나와 누워 있는 나를 내려다본다. 몸이 깃털처럼 가볍다. 점점 위로 떠오른다. 처음에는 그 속도가 느리나 점점 가속이 붙어 빠르게 위로 떠오른다. 너무나 가벼운 그 느낌을 즐겨라.

④ 천장을 지나 지붕 위로, 지붕을 지나 하늘, 구름 위, 대기권 밖, 우주로 점차 나아가 우주 위에 떠 있다고 생각한다.

⑤ 무수히 많은 별들을 느끼며 친근하게 호흡을 '허우~ 허우~' 라고 내뿜으며 별을 부르며 대화한다.

이때, 이 소리는 성대를 사용하지 말고 호흡으로 내야 한다.

⑥ 이제 되돌아오자. 우주, 대기권 밖, 구름 위, 하늘, 지붕, 천장
으로 되짚어와 나의 몸과 하나가 된다.

⑦ 몸과 의식이 일체된 상태에서 다시 나의 의식을 몸속으로 집중
한다.

⑧ 나의 몸 안 속으로 의식을 집중시켜 나의 몸을 여행한다. 얼굴,
목, 어깨, 팔, 다리, 발, 내장기관, 근육 하나하나와 만나고, 만
져보고, 건드려보고, 대화를 시도한다. 그리고 그 느낌을 기억
한다.

(2) 팔위로 당기기

① 편안히 누운 상태에서 오른팔을 머리 위로 들어 바닥에 놓는다.

② 오른쪽 손가락 끝이 닿을락 말락 한 곳에 내가 꼭 잡아야 할

무언가가 있다고 상상한다.

예) 연인의 손, 과자, 물 등을 구체적으로 상상하고 간절한 마음으로 상상한 어떤 물건을 잡기를 원한다.

③ 나의 신체에서 내가 움직일 수 있는 것은 오른팔 뿐이라고 생각한다.

④ 오른팔을 최대한 위로 당겨 그 물건을 잡으려고 노력한다.

⑤ 1~10까지 천천히 20초 정도 센다. 10을 셈과 동시에 그 상상의 물건을 잡는다.

⑥ 물건을 잡는 순간 느껴지는 팔의 감각을 경험한다.

오른팔의 이완상태를 훈련하지 않은 왼팔의 느낌과 비교
해 본다.

⑦ 같은 방법으로 두세 번 반복하여 최대한의 긴장 이후에 찾아오
는 이완의 상태를 기억하고 그 느낌을 의식 속에 입력시킨다.

⑧ 왼팔도 ③, ④, ⑤의 방법으로 두세 번 반복한다.

⑨ 양팔을 동시에 위로 올려 같은 방법으로 두세 번 반복한다.

(3) 벽 밀어내기

① 나의 발밑에 어떤 벽이 있다고 상상하고 구체적으로 그 벽의
형상을 떠올려 본다.

벽이 어떤 재질로 만들어져 있으며, 벽에 닿았을 때의 느낌은
어떤지, 어느 정도의 크기인지 등 구체적으로 믿고 상상하는
것이 중요하다.

예) 시멘트로 만들어진 약간은 까칠까칠한 쥐색의 벽. 벽이 차가워
약간은 발이 싸아한 느낌이다 등등……

② 오른쪽 발과 어떤 벽에 닿았다고 상상하고 다리에 힘을 힘껏
주어 뒤꿈치로 벽을 민다.

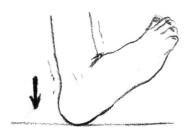

③ 이 때, 오른쪽 발과 다리 이외는 긴장하지 말고 오직 다리만을
사용해 벽을 무너뜨린다.
다리가 바닥에서 뜨지 않도록 주의하자.

　　이완된 상태의 팔에 다시 불필요한 긴장이 가지 않도록
　　주의한다. 자신도 모르게 얼굴을 찡그리는 경우가 있는데
　　오른발 이외의 그 어떤 근육도 참여시키지 않는다. 현재 내
　　게 필요한 부분은 오로지 오른발임을 잊지 말고 오른발의
　　근육을 예민하게 느끼도록 노력한다.

④ 1~10까지 20초 동안 천천히 세고 10을 셈과 동시에 상상의
벽이 무너진다.
⑤ 밀어서 벽이 넘어졌다고 상상하고, 벽이 넘어진 순간 찾아온
오른쪽 다리와 발의 이완 상태를 기억한다.
⑥ 두세 번 반복해 보고, 왼쪽 다리로 훈련해 보자.
⑦ 이번엔 양쪽 다리로 민다고 생각하고 훈련해 보자.

(4) 엉덩이

① 나의 배꼽에 누군가 상상의 실을 꿰맨다. 손으로 상상의 실을

잡아 위로 살짝 당겨 보고 실이 꿰매져 있는 배꼽을 의식한다.

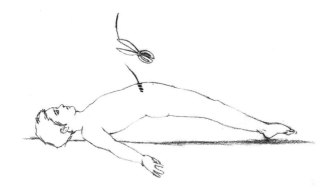

② 누군가가 위에서 그 실을 잡아당긴다고 상상한다. 실은 점점
　위로 당겨지고 엉덩이, 허리, 배가 점점 올라감을 느낄 것이다.
③ 일정시간이 흐른 후, 실을 누군가가 가위로 싹둑 자른다. 가위
　로 자른 후 느껴지는 허리와 엉덩이 부위의 감각을 느껴 보자.
④ 싹둑 자른 후 느껴지는 엉덩이, 허리의 이완 상태를 기억하도
　록 한다.

　　　여기서 중요한 것은 내가 엉덩이를 들어 올리는 것이 아
　　　니라 누군가에 의해 잡아당겨지는 것이라고 상상하는 것
　이다. 허리와 엉덩이가 당겨진 상태에서 허리와 엉덩이를 다
　리로 지탱하지 않도록 노력한다.

(5) 줄인형

① 바닥에 쓰러져 있는 나의 몸마디 마디에 줄이 연결된 줄인형이
　라고 상상해 보자.
② 양손과 두발은 끈으로 묶여 있다. 누군가가 그 네 개의 끈을

한손에 모아 쥐고 동시에 위로 당긴다고 생각하자. 그림과 같이 복근에 많은 긴장이 들어가고, 양팔과 양다리 어깨 목에 강한 긴장을 느끼는 자세가 될 것이다.

③ 잠시 후, 그 끈을 가위로 싹둑 자른다.
④ 가위로 자른 후 느껴지는 각 부분의 이완상태를 느껴 보자.

　　나의 의지로 나의 신체를 최대한 짧은 시간에 긴장하고 이완하도록 훈련한다. 상상의 줄이 당겨지기 전에 미리 긴장하거나, 준비하지 않도록 주의한다. 즉 묶여진 줄을 상상하고 나의 의지보다는 줄에 의해 당겨진다고 상상한다.

(6) 발밑의 쥐

① 누워있는 상태에서 모든 몸은 바닥에 붙어 있어 꼼짝할 수 없다.

　　예) 쥐 잡는 끈끈이 종이 위에 누워있다고 상상하자.

② 발밑으로 쥐가 움직이며 돌아다니는 데 다른 신체 부분은 바닥
  에 붙어 전혀 움직일 수 없고, 오직 머리만 움직일 수 있다.

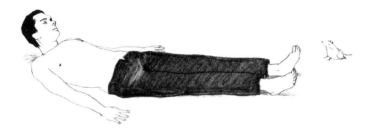

③ 쥐의 모습을 구체적으로 상상하고 그 상상 속의 쥐가 나의 발
  밑을 기어 다닌다고 생각하자.

    예) 쥐는 어떤 색깔을 가진 어떤 크기의 쥐인가? 들쥐인가, 생쥐인
       가? 등등……

③ 다른 부분은 고정시킨 채, 오직 머리만을 들어 발밑에 쥐가 움
  직이는 것을 관찰한다.
④ 1~10까지 천천히 20초 동안 세고 10을 세는 순간 쥐가 쥐구
  멍으로 자취를 감추었다고 상상하고 머리를 내린다.
⑤ 상상의 쥐가 쥐구멍으로 자취를 감추는 순간 목 뒤 근육의 이
  완 상태를 기억하도록 한다.

(7) 아치형 다리 만들기

① 누워있는 상태에서 팔을 위로 올린 후(귀와 나란한 위치로), 팔
  꿈치를 구부려 바닥에 손바닥을 대고, 무릎을 구부려서 다리를

세운 채, 누가 허리를 잡아당긴다고 생각하고 허리를 위로 들어올린다.

② 허리를 위로 올리면서 다리와 팔에 힘을 주고, 배가 점점 위로 당겨질수록 팔과 다리가 펴지도록 한다.
③ 이 때, 머리는 뒤로 젖혀 땅바닥을 보도록 해야 한다.

(8) 곰

① 누운 상태에서 재빨리 몸을 일으켜 엉덩이 위의 30cm 정도의 요추로 온몸을 지탱하고, 무릎을 세우고 양반다리를 하되, 발이 바닥에 닿지 않도록 든다.

> 바닥을 유연하게 구르며 서로 뒹굴고 장난을 즐기는 아기 곰을 상상해 보자. 자신의 신체가 이완되어 있으면서도 탄력적으로 움직이고 어느 자세에서나 편안하게 균형을 유지할 수 있는 털이 보송보송한 아기곰이라 상상해 보자.

② 요추로 몸을 지탱하도록 하고 팔은 무릎 위에 살짝 얹고 정면

을 바라본다. 몸의 균형을 유지해서 다리가 흔들리지 않도록
한다.

③ 잠시 정지한 상태로 정면을 응시하다가, 다시 긴장을 풀고 눕
는다.

④ 다시 ①, ②번의 상태로 운동을 반복하되, 최대한 빠르게 누웠
다 일어났다를 반복하도록 한다.

정확한 동작을 유지하려 노력하고, 긴장의 상태에서 이완의 상
태로 이완의 상태에서 긴장의 상태로 나의 신체가 신속하고
정확하게 전환되도록 훈련한다.

3) 서서 하는 긴장·이완 훈련

긴장·이완 훈련의 목표는 신체 각 부분의 이완을 체험하여 의식
을 일깨우는 과정이다. 긴장이라는 불필요한 에너지를 제거함으로써
에너지가 자유롭게 순환하고 개방되며 생생하게 깨어 있는 느낌을
만들어 낸다.

또한 무엇보다도 발성기관과 호흡기관의 올바른 사용을 위해서는
몸의 바른 자세와 함께 각 기관에 기능을 얼마나 효율적으로 사용
하느냐는 것이 중요하다. 척추가 제대로 서지 않으면 몸을 지탱하는
척추의 기능은 줄어들고, 다른 근육들이 그 일을 나누어야 하는 것이
다. 예를 들어 아래쪽 척추가 약하면 배 근육이 몸통을 떠받치는 일
을 대신 떠안게 되고, 배 근육은 호흡을 하려는 욕구에 자유롭게 반
응하지 못한다. 척추의 윗분이 늑골과 어깨뼈를 지탱하지 않으면 늑
골의 근육들이 가슴을 지탱하는 일을 하는데, 이런 경우에는 호흡에
지장을 초래한다.

이렇듯 선 상태에서의 긴장·이완 훈련 즉, 척추를 중심으로 한

각 기관의 이상적 배열을 위한 훈련은 발성과 호흡 기관의 올바른 기능을 체험하는 과정이다.

아래의 훈련들은 단순히 근육을 강화한다거나 유연성을 기르기 위함이 아니다. 또한 근육의 이완을 훈련하는 것도 아니다. 명심해야 할 것은 무엇을 하느냐 하는 것이 아니라 무엇을 위해서 아래의 훈련들이 필요하냐에 대한 인식과 원리의 이해이다. 이러한 정신적이며 심리적인 작업과 신체적인 훈련이 만났을 때, 그 놀라운 경험을 바탕으로 신체 심리적인 개방과 소통이 자유로워질 것이다.

(1) 바르게 서기

호흡과 발성에 필요한 모든 근육이 불필요한 긴장 없이 이상적인 상태를 유지하고 서 있는 자세를 '바르게 서기'라고 부르기로 한다. 눕거나 앉은 상태와는 달리 선 자세는 두 다리로 몸의 무게를 지탱하여야 하며 척추를 바로 세우기 위해서는 당연히 일정한 긴장이 필요하다. 우리는 선 상태에서 불필요한 긴장을 제거하여 역동적 이완의 상태를 찾아내고 습관화하여야 할 것이다. 모든 발성 훈련은 대부분의 경우 선 상태에서 이루어지므로 '바르게 서기' 훈련은 발성 훈련의 시작이라고 할 수 있다.

누워서 하는 이완 훈련을 마치고 그 훈련을 통해 얻어진 신체의 느낌을 최대한 간직하려고 노력하며 그 느낌을 기억하는 것에서부터 시작한다. 바닥에 아직도 등을 대고 누워있다고 상상한다. 복근의 느낌도 누워 있었을 때처럼 유지한다.

'바르게 서기' 위해서는 중력과의 밸런스가 중요하다.

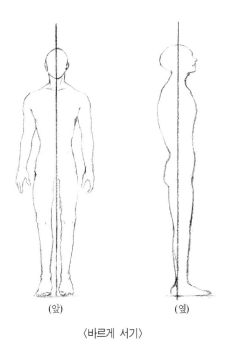

(앞)　　　　　　(옆)

〈바르게 서기〉

① 다리를 어깨 넓이로 벌리고 다리 사이 정 중앙에 척추가 위치
　 하여 두 다리와 척추가 삼각 구도를 이루도록 한다. 다리와 척
　 추가 삼각형을 유지함으로써 무게 중심의 안정감을 느낀다.

② 양발은 11자가 되도록 선다. 팔자로 서거나 발끝을 안쪽으로
　 향하게 서는 습관을 세심하게 교정한다.

③ 정수리에서 몸을 관통하는 가상의 관이 있다고 생각하고 몸의
　 중심을 잡는다.

④ 무릎은 긴장을 풀고 관절을 유연하게 둔다.

⑤ 엉덩이는 뒤로 빼거나 앞으로 나와 있지 않나 스스로 점검한다.

⑥ 평평한 벽에 어깨를 밀착시키고 자세를 유지한 다음 벽에서 떨
　 어져 나와 자신의 상태를 거울로 확인한다.

⑦ 머리도 어깨와 함께 벽에 밀착시킨 후 자세를 확인한다.

⑧ 정수리 부분에 실이 매달려 위에서 잡아당겨진고 상상한다면 턱이 제 위치를 찾을 것이다. 마치 멋진 그리스의 조각상처럼 자신의 몸을 조각해 보자.

⑨ 시선은 정면을 향하고, 호흡은 편안하게 하고 유리처럼 맑은 눈으로 정면을 조용히 바라본다. 머리에서 어깨로 부드러운 폭포가 흐른다고 상상해 본다. 기분이 더없이 맑고 편안하다.

⑩ 이제는 걸어 보자. 나의 중심은 가슴과 배꼽의 중간 부분이 된다고 생각하자. 가슴을 내밀어도 안 되고 배를 밀어도 안 된다.

(이 상태를 잘 기억하고 자신의 나쁜 버릇으로 돌아가지 않기 위해 항상 훈련한다.)

이러한 상태로 자신을 조각하고 거울을 보면 평소의 자신과는 다른 모습을 발견하게 될 것이다. 일상생활에서 내게 편안한 습관은 소리를 내는 데는 부적합한 자세였다는 것을 깨달을 수 있을 것이다. 하루에 5분 이상 거울을 보고 '바르게 서기'를 함으로써 부적절한 습관을 고쳐 보도록 노력한다.

만약, 지금의 '바르게 서기' 자세가 더없이 불편하고 부자연스럽게 느껴지고, 평소의 잘못된 습관들로부터 벗어나기 어렵고 '바르게 서기'가 오히려 불필요한 긴장을 불러온다면, 아래의 훈련을 통하여 나에게 자연스러운 '바르게 서기'의 느낌을 찾아 인식해 보자.

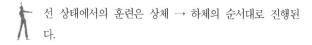 선 상태에서의 훈련은 상체 → 하체의 순서대로 진행된다.

(2) 머리 수그리기 (목)

① 손은 깍지를 낀 채 턱에 손등을 갖다 댄다.

② 머리는 아래로 숙이려고 하면서 힘을 주고 깍지 낀 손등은 아래로 수그리려는 머리를 방해한다.

③ 서로 상대의 깍지 낀 손 밑에 손을 대어보고 힘이 제대로 작용하는지 점검한다.

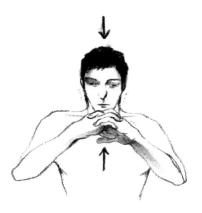

(3) 옷 벗기 (어깨)

① 상반신에 몸에 딱 붙는 가죽옷을 걸쳤다고 상상한다. 옷이 답답해 벗고 싶다는 욕구를 느낀다.

② 손을 사용하지 않고 어깨만을 돌려 옷을 벗으려고 노력한다.

③ 피곤을 느낄 때까지 계속 어깨를 앞뒤로 돌리면서 옷을 벗는다.

 훈련은 천천히 시작해 점점 속도를 빨리한다.

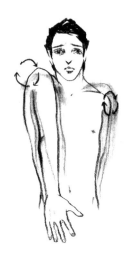

(4) 앞으로 나란히 (견각골)

① 초등학교에서 배운 '앞으로 나란히' 동작을 하듯 양 팔을 앞으로 쭉 뻗는다.

② 몸의 중심을 잡은 상태에서 쭉 뻗은 양팔을 점점 더 앞으로 밀어 낸다. 한계선까지 밀어 낸다.

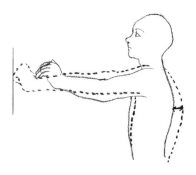

③ 견각골(흔히 말하는 등에 있는 날개부분을 말한다.)이 앞으로

밀려 당겨짐을 느낀다. 서로 서로 만져 보고 체크한다.

④ 팔을 내리지 않은 상태에서 견각골의 긴장을 순간 풀어 주고 그 느낌을 기억한다.

⑤ 두세 번 반복한다.

(5) 무등 태우기 (어깨)

① 어깨 위에 무거운 사람을 무등 태우고 지탱한다고 상상한다.

② 어깨에 모든 힘이 몰리면서 어깨근육이 잔뜩 긴장됨을 느낄 것이다.

③ 사람이 어깨에서 내려왔다고 상상하자. 어깨의 힘이 풀리고 축 늘어진 느낌을 갖게 될 것이다.

④ 어깨에 힘이 모아졌다가 풀린 이완의 상태를 느끼고 기억하자.

(6) 뱀 (허리)

① 다리를 어깨 넓이로 벌리고 서 있는 상태에서 두 팔을 위로

뻗어 손을 맞잡는다.

② 나의 상반신이 뱀이 되었다고 상상하자.

③ 하체를 고정시키고 상체만을 유연하게 움직여 뱀처럼 먹이를 찾는다.

④ 천천히 오른쪽, 앞, 왼쪽, 뒤로 허리를 돌려가면서 점점 빠르게 움직인다.

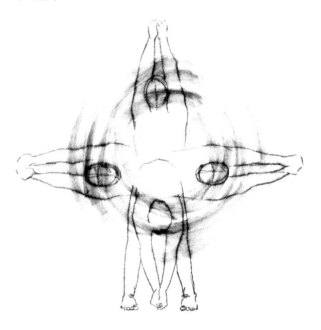

(7) 쥐 (다리)

① 양 팔을 옆으로 벌려 중심을 잡는다. 오른쪽 다리를 쭉 벌어 바닥에서 1cm 정도 떠운다.

나의 발은 쥐가 되어 발끝에는 눈과 코가 달려있다고 상상하자.

② 발끝을 쫙 펴고 다리를 긴장한 상태의 발이 쥐가 되어, 끊임없이 바닥을 기어다니며 먹이를 찾는다.

③ 무릎은 굽히지 않은 상태에서 중심을 잡아, 발의 운동영역을 넓게 하여 훈련한다.

(8) 줄인형 (상체)

① 내가 누군가에 의해 조정되는 줄인형이 되었다고 상상한다. 양팔의 손가락 끝, 양팔 손목, 양팔 팔꿈치, 양어깨, 정수리, 목, 허리에 줄이 매달려 있다. 누군가가 그 실을 모두 위로 바짝 잡아당긴다.

시선은 정면을 향한 상태에서 만세를 부르는 포즈가 될 것이다. 이때, 발뒤꿈치를 들지 않도록 주의한다.

② 팔이 빠질 것처럼 손끝까지 힘을 준 상태에서 손목에 달린 실을 가위로 자른다고 상상하자. (머릿속으로 상상의 줄을 보고 줄이 하나하나 잘려나가는 느낌을 믿는다.) 실이 잘린 부위만 긴장이 이완된다는 사실을 잊지 말자. 절대로 다른 곳에는 긴장을 늦추지 말고 계속 긴장을 유지해야 한다.

③ 왼쪽 손목도 ②번과 마찬가지로 손목에 달린 실을 가위로 자른다고 상상하되, 몸의 다른 부분은 긴장된 상태를 유지하도록 한다.

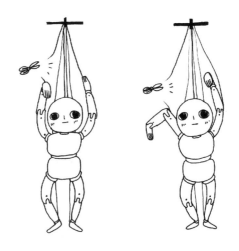

④ 오른쪽 팔꿈치에 줄이 잘린다고 상상하자. 팔뚝은 그대로인 상태에서 팔꿈치가 접히고 팔꿈치 아랫부분은 축 늘어진다.

⑤ 왼쪽 팔꿈치도 ④번의 운동을 한다.

⑥ 어깨에 실이 잘렸다. 팔이 축 늘어지면서 흔들거린다. 이완된 팔의 상태를 기억하되, 의도적인 흔들림이 되지 않도록 주의한다.

⑦ 목에 달린 실을 자른다. 툭 머리가 아래로 떨어지게 될 것이다.

⑧ 허리에 실이 잘리면서 아래로 상체가 떨어진다. 팔이 앞으로

떨어진 속도 때문에 흔들흔들 거릴 것이다.

이젠 지탱하는 힘이 하체에만 쏠리게 되고, 상체는 완벽한 이완상태이다.

⑨ 떨어진 상체와 머리를 좌우로 흔들면서 이완된 상태를 확인한다. 이때 머리는 목에서 분리되어 바닥으로 떨어져 나뒹군다고 상상하자.

⑩ 척추뼈 하나하나를 피라미드 쌓듯이 천천히 쌓아올린다고 생각하고 척추의 뼈마디의 느낌을 기억하면서 상체를 세운다.

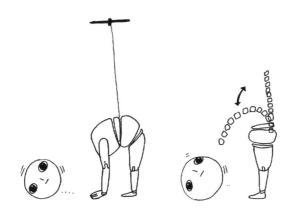

⑪ 바닥에 떨어진 머리를 누군가가 집어 들고 나의 목뼈에 끼운다. 끼워진 머리를 누군가가 자신의 소유물처럼 이리저리 돌린다. 그 움직임에 따라 반응해 보자. 목은 이제 나의 것이 아니라 나를 조종하는 다른 사람의 것이다. 앞뒤로 까닥까닥 움직여 보기도 하자.

⑫ 이완상태에서 천천히 다시 어깨 → 팔꿈치 → 손목을 원래 위치로 돌아오게 한다.

⑬ 신체의 느낌을 기억하면서 이완의 상태를 느낀다.

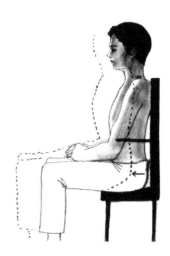 줄인형이 자신의 의지대로 움직이지 않듯이, 내가 몸을 움직이는 것이 아니라, 누군가가 나의 몸을 조정하고 있다고 상상하는 것이 무엇보다도 중요하다.

4) 앉아서 하는 긴장·이완 훈련

(1) 기본자세

① 90°로 등받이가 되어있는 의자를 골라 엉덩이를 바짝 붙이고 앉는다.

② 척추를 바르게 세워, 엉덩이 위의 한 뼘 정도의 척추가 온몸을 지탱하도록 한다.

③ 자세가 잡혀지면 그 자세를 그대로 유지하면서 의자의 앞쪽 1/3 부근으로 내어 앉는다.

④ 머리와 어깨의 선은 물이 흐르듯 유연하게 다리는 의자 다리만큼 벌리고 손을 자연스럽게 무릎에 얹는다.

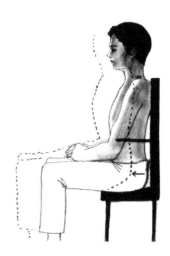

⑤ 턱은 멋진 그리스의 조각처럼 약간 앞으로 당긴다.

안면과 입술과 혀의 긴장 · 이완 훈련으로 들어가 보자.
처음에는 앞의 훈련들과 병행하는 것이 좋다.

(2) 안면

두개골과 안면에는 발성과 관련된 많은 기관이 있기 때문에 정성
들여 훈련해야 한다. 호흡 근육을 자유롭게 하고 소리가 지나가는 통
로를 구성하는 목구멍, 혀, 턱의 근육을 해방하는 것이 무엇보다도
중요하다.

거울
① 두 사람씩 짝을 지어 서로 마주보고 앉는다.
② 한 사람은 거울이 되어 상대방의 얼굴 표정을 따라한다.
③ 표정을 만드는 사람은 평소에 사용하지 않던 안면근육을 최대
한 움직여 보도록 한다.
아이처럼 즐거운 마음으로 놀이하듯 즐긴다.

가로와 세로, 혹은 사선으로 연결된 얼굴의 모든 근육을
활성화하고 유연하게 하여야 한다. 근육의 움직임을 다양
화하여 가로, 세로, 사선으로 스트레칭 한다. 의도한 만큼 안
면 근육의 움직임이 유연한지 거울을 보고 점검한다.

가면 벗기
① 나의 얼굴에 답답한 가면이 덮어 씌여져 있다고 상상한다. 얼

굴에 밀착된 가면으로 인해 표정도 지을 수 없고 호흡도 곤란하다. 가면을 벗어버리고자 하는 욕구를 강열하게 가진다.

② 가상의 가면을 잡고 밀착되어 벗기기가 무척 힘들지만 있는 힘을 다해서 벗어 보자.

③ 조금씩 가면이 벗겨질 때마다 얼굴이 시원해짐을 느껴 보자.
④ 가면을 벗은 후에는 남아있는 가면의 찌꺼기를 손가락으로 가볍게 털어 낸다.

가면을 벗음과 동시에 내 마음에 덮여 있는 답답한 껍질도 벗어 던진다. 기분이 맑고 어린 아이처럼 유연해 내 마음 속 작은 충동도 나의 얼굴에 미세하게 전해지는 듯하다. 두세 번 반복해서 느껴 보도록 한다.

(3) 턱

턱이 긴장되면 목소리는 제한되고 표현 역시 한정적일 수밖에 없다. 가끔 TV의 시사 프로그램 같은 곳에서 턱이 심하게 경직되어 있는 사람들을 보게 된다. 그들을 잘 관찰해 보라. 그들은 결코 좋은 소리를 낼 수 없으며 좋은 발음은 더욱더 기대하기 어렵다. 또한 정서도 경직되어 있는 것을 발견할 수 있다. 이렇듯 우리는 우리의 감정을 제어하고 사회적인 규범 속에서 자신들의 자연스러운 감정을 감추고 자유로운 감정을 제어하는 수단으로 턱의 근육을 사용해 왔다. 따라서 연기자는 충동에 적절히 반응하는 자유로운 턱을 가지기 위해 훈련해야 할 것이다.

턱의 긴장은 목의 긴장에서 시작되는 경우가 많으므로 턱을 이완하는 비결은 목 뒤를 이완시켜 주는 것이 먼저이다. (때로는 부정 교합 등 신체적인 결함 때문인 경우도 있으니 이런 경우는 치과의사의 도움을 받는 것이 좋다.)

목의 긴장·이완 훈련과 병행해서 하면 큰 효과를 얻을 수 있다. 턱의 이완 훈련에 있어서는 양 옆으로 움직이는 것은 무의미하다. 우리가 말할 때 턱은 그 구조상 항상 상하 운동을 주로 하기 때문에 좌우 움직임은 불필요할 뿐 아니라 오히려 좋지 않을 수 있다.

① 입은 두 개의 손가락을 세로로 세운 만큼 벌리고 혀는 혀의 끝이 아랫니 뿌리 부분에 닿도록 자연스럽게 놓는다.
② 목젖이 상대방에게 훤히 들여다보일 때까지 입을 벌린다.
③ 한쪽 손은 주먹을 쥐어 턱 밑에 댄 후, 적당한 긴장을 주어 위로 밀어 낸다.
④ 반면에, 아래턱은 계속 힘을 주어, 주먹이 입을 벌리지 못하도록 하는 가운데에서도 입을 벌리려고 해야 한다.
⑤ 주먹을 떼는 것과 동시에 아래턱을 떨어뜨린다. 이때 턱은 마치 수면 상태에서 약간 벌어진 것처럼 이완된 상태가 된다. 혹

은 바보 캐릭터를 연기하는 것과 같이 무의식적으로 열린 상
태가 된다. 손으로 아래턱을 잡고 위아래로 가볍게 흔들며 이
완 상태를 확인한다.

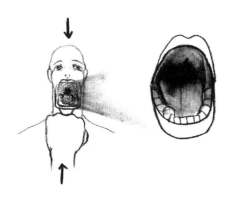

⑥ 턱을 아래위로 가볍게 흔들면서, 귀 근처 턱의 관절에 구멍이
생기는지 느껴 보자.

⑦ 긴장·이완 직후에 턱을 다물지 말고 그대로 아래로 떨어뜨리
고 '바바~마마~' 하고 바보처럼 소리를 내어본다. 소리를 낼
때 턱이 다물어지지 않고 계속 아래로 떨어져 있는 상태가 되
어야 한다.

⑧ 소리 끝에 턱이 제 위치로 돌아오지 않도록 턱은 항상 열자.

훈련 시 과도한 힘을 주먹에 주는 경우 오히려 턱에 무
리가 되는 경우가 있으니 적당한 정도의 긴장을 유지하
는 것이 중요하다.

**힘으로는 근육의 이완을 경험할 수 없다. 오로지 자신의 의식을
열고 신체와 커뮤니케이션 하는 것임을 명심하라.**

(4) 성대

의식적 조정이 불가능한 기관이므로 성대를 둘러싸고 있는 근육들을 간접적으로 훈련함으로써 불필요한 긴장을 제거한다.

① 입안 가득 침을 모은다. 혹은 한 수저 가득 뜬 밥을 한번에 삼킨다고 상상하자.
② 침(밥)을 꿀떡 삼킨다. 삼킨 직후의 성대의 상태를 기억하려고 애쓰고 유지한다.
　성대가 위치한 부분을 손으로 잡아 살살 어루만지면서 '하~하~' 하고 한숨 쉬듯이 소리를 내본다.
　성대의 미묘한 떨림을 기억한다.

(5) 연구개 들어올리기 – 하품과 입 열기

연구개는 목젖을 포함하여 그 앞쪽의 부드러운 입천장 부분을 말한다. 목젖은 혀 뒤쪽 위에 있으며 작은 주머니처럼 생긴 기관이다. 사람에 따라 그 모양이 서로 다르며 어떤 사람은 좀 길기도 하고 어떤 사람은 안보일 정도로 작기도 하다.

긴 목젖은 약간 쉰 소리를 내거나 목구멍에 걸린 듯한 음색을 내기도 하며, 높은 음역의 정확한 사용을 방해하는 요소로 작용하기도 한다. 때문에 규칙적, 의식적으로 연구개를 훈련하여 목젖이 기민하게 움직이고 짧아져 명확한 발성 통로를 만들 수 있다. 규칙적이고 지속적인 발성 훈련을 하지 않으면 연구개는 그 운동성이 약화되어 굳어지기 쉽다. 그것은 답답한 벽처럼 입 뒤쪽에서 공명을 흡수하고 방해할 것이다. 만약 연구개가 굳어진다면 소리는 단조롭고 변화가 없게 될 것이다.

자유로운 목소리는 음역이 생각의 변화에 따라 끊임없이 변화한다. 그러므로 섬세한 연구개의 움직임은 필수적이다. 음역이 높아질수록 연구개와 목젖은 들어올려진다. 이러한 높은 소리는 잘 전달되고 매우 깨끗하다. 연구개의 근육이 강화됨에 따라 공명을 좀 더 쉽게 얼굴과 머리 공명 기관으로 전달할 수 있다. 그러나 우리가 원하는 대로 조종이 어려우므로 훈련을 통해 역동성을 확보하여야 한다.

손가락 두 개를 가로로 세운 정도의 크기로 입을 연다. 혀끝을 아랫니 뿌리에 놓아서 혀가 목구멍을 가리지 않도록 하고 목젖이 위로 당겨 올라간 상태로 완전히 연다. (위의 '턱 긴장·이완 훈련'과 동일)

① 크게 하품을 한다.
② 거울을 통해 연구개의 위치를 확인 한다.
③ 수직으로 벌려줌과 동시에 수평 방향으로도 스트레칭 한다.
④ 하품을 하면서 뜨거운 호흡을 '카아~~' 하고 내뿜어 본다.
⑤ 크게 하품을 하면서 '카아~~~' 소리를 내며 차가운 공기를 마신다.
⑥ 크게 하품을 하고 입안의 목젖과 연구개는 하품할 때처럼 개방한 상태에서 입술만 다문다.
(연구개가 더욱 적극적으로 들리는 것을 경험할 것이다.)

불 뿜는 용
① 두 사람이 1m 정도의 거리를 유지하고 마주 선다.
② 자신이 아랫배에 뜨거운 불덩이를 가득 채운 '용'이 되었다고

상상한다.

③ 상대를 강렬한 눈빛으로 응시한다.

위의 '입열기' 상태로 연구개를 개방하고 혀끝을 아랫니 안쪽 뿌리 부근에 붙인 상태에서 '하아아아아~~~' 하는 소리와 함께 아랫배에서 뜨거운 불꽃을 끌어올려 서로에게 뜨거운 김을 내뿜으며 서로를 태운다.

처음에는 선 상태에서 시작하나 이후에는 즉흥성을 발휘하여 쫓고 쫓기며 '용'이 되어 게임을 즐긴다.

④ 두 사람간의 거리를 1m(작은 용), 2m(중간 용), 3m(큰 용)로 늘려간다. 거리가 벌어질수록 점점 강한 불꽃으로 상대를 태운다고 상상하고 아랫배 깊은 곳에서 더 뜨겁고 강한 호흡을 내뿜는다.

(6) 입술

복잡한 얼굴 근육 조직의 일부로서 입을 보호하고 있는 입술은 기름질이 잘되어 부드럽게 열리고 닫히는 문이 되어야 한다. 윗입술이 자유롭게 움직이는 것은 생생한 발음에 필수적이다. 발음에 대한 책임은 윗입술과 아랫입술에 나누어지며 최대한 효율적으로 작용하여야 한다. 만약 윗입술이 굳어져 아랫입술이 그 책임을 떠안게 되면 나머지 부담은 턱에게 간다. 하지만 턱은 이런 일을 잘 수행할 수가 없고 결국 발음에 악영향을 미치게 될 것이다.

◈ 준비운동

① 아무 소리를 내지 말고 입술을 털어 본다.

② 두 번째는 '푸~우'하는 소리와 함께 입술을 턴다.

윗입술 들기

최대한 윗니가 다 보일 수 있게 윗입술을 '후~'하는 소리와 함께 들어올리고 내리기를 30회 정도 반복한다.

이때의 '후~' 발음은 영어의 'f' 발음처럼 윗니를 아랫입술에 갖다댄 것이다.

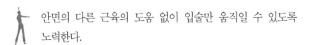 많은 사람들이 이 훈련에서 입술을 들어올리지 않고 앞으로 내미는 실수를 한다. 거울을 보고 윗입술이 위로 들어올려지고 있는지 체크해 보는 것도 좋다.

아랫입술 내리기

아랫입술을 최대한 아랫니가 보일 때까지 '스~' 하는 소리와 함께 내리고 제자리로 돌아오기를 반복한다.

30회 정도 반복 훈련한다.

윗입술 들고, 아랫입술 내리기

'후~, 스~, 후~, 스~' 하며 윗입술과 아랫입술을 번갈아가며 들고 내린다.

안면의 다른 근육의 도움 없이 입술만 움직일 수 있도록 노력한다.

윗입술 안쪽 긁기

윗입술의 안쪽 부분이 매우 간지럽다고 상상하고 윗니로 시원하게 긁어준다.

긁어줄 때는 최대한 윗입술의 근육을 활발하게 움직이며 훈련한다.

근육이 피곤할 때까지 충분히 훈련한다.

아랫입술 안쪽 긁기

아랫입술의 안쪽이 간지럽다고 상상하고 아랫입술의 안쪽 부분을 아랫니로 긁어준다.

근육이 피곤할 때까지 충분히 훈련한다.

아랫입술과 윗입술 안쪽을 번갈아 가며 긁어준다.

윗입술 바깥쪽 긁기

윗입술의 바깥부분을 아랫니로 긁어준다.

시원함이 느껴질 때까지 반복한다.

아랫입술 바깥쪽 긁기

아랫입술의 바깥쪽을 윗니로 긁어준다.

시원함이 느껴질 때까지 반복한다.

아랫입술과 윗입술의 바깥쪽을 번갈아 가며 긁는다.

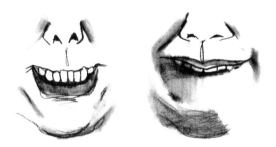

돼지 입

① '꿀꿀꿀' 돼지 소리를 낼 때처럼 입술을 내밀어 본다.

② 쭉 내밀어진 입술에 고무줄을 묶었다고 상상한다. 누군가가 힘껏 고무줄을 잡아당긴다고 상상하자. 고무줄이 팽팽하게 당겨짐에 따라 점점 입술이 앞으로 내밀어 진다.

③ 갑자기 잡아당기던 고무줄이 끊어지고 입술이 제자리로 돌아온다.

이때, 줄이 끊어진다고 입술을 긴장시키지 말고 자연스럽게 원래의 위치로 돌아오자.

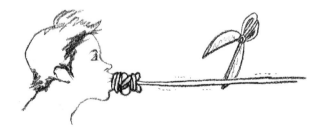

입술 털기

입술에 힘을 빼고 '푸우~~' 하며 입술을 진동시켜 보자.

(7) 혀

감정적 스트레스는 혀의 긴장을 가져오는 경우가 많다. 심한 스트레스를 받거나 감정적 소용돌이가 일 때 우리는 종종 목소리가 나오지 않거나 소리가 부자연스럽게 뜨고 발음이 제대로 되지 않는 것을 경험한다. 이것은 우리가 이러한 감정들에 대한 반응으로 혀를 긴장시키기 때문이다. 이러한 반응은 오래된 습관에서 비롯된 경우가 많다. 어린 시절부터 교양 있는 사회인이 되기 위해 고함을 지르거나 언성을 높이면 안 된다고 교육받아 왔기 때문이다. 우리는 이러한 감정을 억제하기 위해서 본능적으로 혀를 긴장시키는 것이다.

그러나 연기자에게 이러한 천성은 치명적이다. 연기자는 감정적으로나 음성적으로 항상 깨어 있어야 하기 때문이다. 혀의 움직임은 입안의 모양을 바꾸고 공명 반응과 그에 따른 음질을 변화시킨다. 또한 후두와 연결되어 있기 때문에 혀의 상태는 다른 부분에 영향을 준다. 혀의 긴장은 후두로 퍼져서 성대의 자유로운 움직임에 영향을 미치고, 후두에서 시작하는 긴장은 혀로 퍼져서 발음에 영향을 미친다. 후두의 긴장은 횡격막의 긴장을 의미하며, 그 반대도 마찬가지이다. 목소리를 통해 감정을 자유롭게 표현하기 위해 혀는 반드시 이완되어야 한다.

준비운동

① 혀끝을 아랫니 뿌리에 대고 혀의 중간 부분을 앞으로 최대

한 내민다.

② 최대한 '혀를 내밀었다 넣었다'를 반복하되, 천천히 시작해서 속도를 빨리 하도록 한다.

③ 혀뿌리에 압박감이 느껴질 때까지 반복한다.

모든 훈련은 천천히 시작해서 점점 속도를 빨리해 가며 연습한다.

훈련을 할 때, 얼굴을 찡그린다거나 해서 다른 근육들의 간접적인 도움을 받아서는 안 된다.

꿀 먹기 ― 혀 말아 넣기

① 위에서 꿀 한 방울이 떨어지려 한다고 상상하고 그것을 혀로 받아서 먹기 위해 혀를 최대한 수평으로 내민다.

② 내민 상태에서 혀끝에 꿀이 떨어지면, 꿀을 흘리지 않도록 조심하면서 혀를 입안으로 말아 넣는다.

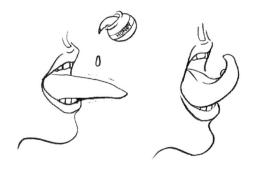

주사 놓기

혀끝을 뾰족한 주사 바늘이라고 상상하고 입안에서 양 볼에 주사 놓듯이 찔러 본다.

오른쪽, 왼쪽 돌아가면서 30회 정도 반복한다.

약 30회 정도를 반복하면 후두 쪽에 강한 긴장이 느껴지
는데 자연스런 현상이므로 걱정하지 않아도 된다.

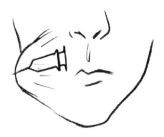

십자가

혀끝으로 십자가를 그리면서 입 안쪽에서 운동을 한다.

구강 천장, 아래, 양 볼을 순서대로 찌르면서 혀를 순환시킨다.

혀를 바깥으로 내밀어서도 마찬가지로 훈련한다.

코와 턱 당기

혀를 내밀어 코끝에 닿도록 최대한 위로 올려보고, 턱에 닿도
록 최대한 아래로 내려본다.

입 천장에 엿 떼어내기

천장에 엿이 붙었다고 상상하고 혀를 위로 올려 잔뜩 힘을 주면서 떼어낸다.

입안 청소

혀로 입안 전체를 청소한다고 생각하고 아랫니와 윗니 위로 최대한 큰 원을 그리면서 돌린다.

강한 압박이 느껴질 때까지 반복한다.

고양이 우유 먹기

손바닥을 펴서 고양이가 우유를 먹는 것처럼 혀로 그릇의 우유를 핥아먹는다.

혀를 빠르게 넣었다 내밀었다 반복한다.

3. 긴장 · 이완 느끼기

자라는 나무

다소 느린 템포의 클래식 음악을 준비한다.

우리는 겨울에 딱딱하게 얼어붙은 땅처럼 모든 근육이 순환을 멈추고 경직되어 하나의 덩어리로 존재한다. 겨울의 세찬 바람이 우리를 얼어붙게 만들고 우리의 마음은 경직되어 멈추어 있다. 각자의 상상력으로 이렇듯 차갑게 얼어붙은 대지가 되어 본다.

우리의 에너지는 순환하기를 원하고 생명을 창조하고픈 열망과 따뜻함을 기다린다.

아름다운 클래식 음악이 멀리서 들린다.

따스한 햇살이 비추기 시작한다. 서서히 얼음이 녹아 차가운 대지는 습기를 머금는다. 어느새 따뜻한 봄비가 대지를 적힌다.

우리 몸속에 에너지가 생성된다. 혈관 속에 피가 따뜻해지고 순환하기 시작한다. 각 근육 하나하나가 살아 숨쉰다. 팔, 다리, 목, 각 기관이 움직임을 시작한다.

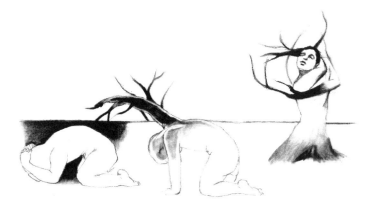

우리 몸은 어린 새싹이 되어 연하고 부드럽게 대지를 뚫고 자라난다. 점점 푸르게 자라난다. 우리의 몸은 결국 완전히 아름다운 나무로 자라나 싱그러운 바람 속에 서 있다.

우리는 호흡한다. 저 밑 대지 속에 뻗어 있는 뿌리를 통해 우리는 호흡한다. 온몸에 달린 가지들을 통해서 '하아이아아~~~' 하고 소리 내본다. 입을 열고 하늘을 향해 고개를 들고 뿌리 부분까지 열어 '하아아아아~~~~'하고 호흡한다.

바람

경쾌한 음악이 흐르고 우리는 바람이 되어 춤을 춘다.
어린 아이처럼 공간을 가르고 튀어 오르고 나뒹군다.

나의 몸이 새털처럼 가볍다. 나의 마음이 평안하고 즐겁다.
음악이 갑자기 멈추고 우리도 얼어붙는다.
음악이 흐르고 우리는 다시 깨어나 바람이 된다.

멈추고 움직이고 하는 동작을 자유롭게 넘나들며 자신의 신체와 심리를 하나로 연결하고, 긴장과 이완의 상태를 인식해 보자. 동시에 정서와 감정의 연결로써 긴장과 이완의 상태를 체험해 보자.

두 번째 훈련 단계
호흡

1. 호흡이란 무엇인가?

호흡은 생명을 유지하는데 꼭 필요한 요소이며 더 나아가 예로부터 단순히 목숨을 유지하기 위한 산소의 섭취가 아니라 물질적이고 영적인 생명의 근원이 된다고 보았다. 호흡은 인간 생명의 원천이며 인간의 육체 활동과 정신 작용이라고 할 수 있다. 생리학적 측면에서 보더라도 산소를 흡입하는 정도에 따라 우리 신체와 정서는 변화를 경험하는데 이것은 호흡이 보다 은밀한 생명 활동과도 관계가 있기 때문이다. 인간의 신체는 자율신경계의 지배를 받고 우리의 생명 활동은 자신의 뜻대로 어찌할 수가 없다. 자세히 이야기 하자면 우리의 몸 안에 있는 모든 장기는 자율신경계의 작용에 지배를 받고 있기 때문에 내 의지대로 위장을 움직이거나 심장을 멈추게 할 수 없다. 하지만 자율신경계의 지배를 받으면서도 유일하게 의지에 의해 작용 하는 것이 폐의 작용, 즉 호흡인 것이다.

호흡에 의해 얼마나 많은 산소가 들어왔느냐에 따라서 우리의 몸과 정신은 바로 변화하게 된다.

예를 들어 호흡을 빠르게 하면 심장의 박동이 빨라지고 뇌파의 사이클이 뒤따라 빨라진다. 이것은 곧 호흡에 의해 자율신경계가 지배를 받고 그에 의해 폐가 움직이고 있다고 할 수 있다.

예를 들어 만약 '나의 가장 친한 친구가 자동차 사고로 죽었다'라는 소식을 접했을 때, 우리는 그 소식을 듣고 너무나 놀라 어찌할 줄 모르게 되고, 갑작스런 사건에 나의 호흡은 요동칠 것이며 거의 쇼크 상태에 이르게 될 것이다. 그러나 점차 시간이 흐르고 친한 친구가 죽었다는 사실을 받아들이게 됨에 따라 호흡은 안정을 찾게 될 것이다.

반면에 무료하게 TV를 보고 있던 일요일 날 아침에 평소 짝사랑하던 사람의 데이트 신청을 받게 된다면 할일 없이 무료하게 집에 있을 때와는 달리 너무 설레고 행복해서 날아갈 것만 같은 기분이 될 것이다. 우리는 순간 호흡이 달라지고 얼굴은 상기될 것이고, 콧노래가 나오며 저절로 몸놀림이 가벼워지는 것을 느낄 수 있다. 이렇듯 우리의 호흡은 정서 상태에 따라 끊임없이 다르게 작용한다.

호흡은 에너지를 생산하고 소리를 만드는 기능 이외에도 인체의 자율신경과도 밀접한 관계를 맺고 있어 사람의 감정과 행동에 많은 영향을 미친다. 개인의 독특한 호흡 습관을 관찰해 보면 그 사람의 삶을 들여다 볼 수 있다.

호흡은 인간의 감정과 신체에 반응하고, 감정과 신체는 호흡에 반응한다. 나아가 정서와 호흡은 같은 것이라고 말할 수도 있을 것이다.

따라서 호흡을 인식하고 훈련하여 무의식을 조절하는 것은 연기자를 그들의 내면의 감정과 연결시켜주며, 호흡을 통해 생성된 목소리는 그 감정을 관객에게 전달할 것이다. 이렇듯 호흡에 대한 인식은 연기자에게 무엇보다도 중요한 과정이다.

2. 호흡 훈련의 목표

우리는 생명을 지니고 세상에 태어난 순간부터 이제까지 살아온 시간 동안 단 한 순간도 호흡을 멈추지 않았다. 의식하지 않아도 매 순간 자연스럽게 호흡하고 있으며 대부분 그 어떤 불편함도 자신의 호흡 과정에서 느끼지 못할 것이다. 따라서 호흡하는 일, 숨을 쉰다는 일에 훈련이 필요한 것인가라는 의문을 제기할 수도 있다. 인간은 태어날 때 자유롭고 편안한 호흡을 지니고 있었다. 허나 많은 사회적 제약과 교육 등으로 호흡의 깊이와 자유를 제한하는 많은 습관들이 생겨났다.

더욱이 연기자들은 폐활량을 늘이기 위해 여러 가지 부자연스러운 호흡 기술들을 익히고, 혹은 소리의 볼륨과 강도를 높이기 많은 훈련들을 경험했을 것이다. 그러나 때론 이러한 훈련들이 불필요한 긴장을 만들어 내거나 배우에게 호흡의 다양성과 자유를 없애버리고, 배우들은 항상 똑같이 호흡하려고 애쓰는 바람에 대사의 내용과 관계 없이 거의 모든 대사와 모든 배역의 소리가 똑같이 들리는 현상을 경험한 적도 있을 것이다.

배우는 상황이나 대사의 의미 그리고 감정에 맞는 호흡을 해야 하며, 호흡은 외부의 압박으로부터 항상 자유롭고 언제든 자유자재로 변화할 수 있어야 한다. 이 같은 새롭고 이상적인 습관을 터득하기 위해 우리는 마치 세상에 처음 태어났을 때와 같이, 이제 막 호흡을 배워 나가는 어린 아이처럼 하나하나 훈련을 통해 경험을 인식하고 이제까지의 잘못된 습관들을 개선해 나가야 하는 것이다.

호흡을 자각하는 데서부터 시작하여 불필요한 긴장을 해방시키고, 호흡에 참여하는 근육을 강화한다. 그리고 호흡을 조절하여 '심리·신체적 언어 행동'을 만들어 내는 것을 그 목표로 해야할 것이다. 즉, 들숨과 날숨의 반복을 통해 산소를 마시고 이산화탄소를 내뿜어 생명을 유지하는 에너지를 생산해 내고 이렇게 생산된 에너지가 성대를 거쳐 소리를 만들어 내는 일차적 과정을 인식하고 자각하여, 목소리의 근원을 찾아 건강한 호흡을 만들어 내고 좋은 소리를 만들어 내는 것이 그 첫 번째 목적이라 할 수 있다. 이러한 훈련들은 물론 감성적 심리적 토대 위에서 이루어지도록 할 것이며, 호흡 훈련의 마지막 단계인 '호흡 에쮸드'의 창작 과정을 통해 구체적인 많은 심리·신체적 기술을 체득할 수 있을 것이다.

3. 호흡 기관

혼자 집에 있는데 현관문 쪽에서 누군가가 갑자기 문을 열려고 하는 소리가 들린다고 상상해 보자. 우리가 그 상황에 처해 있다면 우리는 누군가 문을 열려고 한다는 것에 놀라 순간 호흡이 멈추고 그 소리가 계속될수록 공포에 질려 맥박이 빨라지고 호흡도 빨라지게 될 것이다. 이것은 나에게 주어진 상황에 우리의 머리(뇌)가 반응을 하고, 그것에 따른 지령을 내려 그 지령에 따라 횡격막, 흉각 등 호흡에 관련하는 신체의 기관이 작동하게 되어 심리에 따른 다양한 호흡을 하게 되는 것이다.

하지만 이러한 설명만으로 호흡을 이해하기는 부족할 것이다. 그러므로 이제부터 호흡을 생리학적 측면에서 잠시 살펴보기로 한다. 호흡에 사용되는 기관은 어떠한 것이 있고, 그 기관이 호흡에 의해 어떻게 움직이고, 호흡에 어떠한 영향을 주는지 알아보기로 한다.

호흡에 사용되는 기관은 크게 폐, 흉곽, 늑골, 횡격막, 배, 옆구리, 등의 근육들이 사용되게 된다.

폐

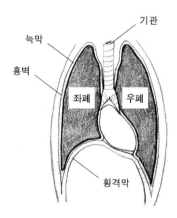

폐는 옆의 그림과 같이 우폐와 좌폐로 나누어져 있고, 오른쪽은 얇은 벽이 3층으로 싸여있고, 왼쪽은 2층으로 되어 있다. 그리고 기관지의 양쪽 가지 위에 연결되어 있는데, 이 기관지는 커다란 혈관과 함께 폐 속으로 들어가서 각각의 여러 갈래로 나누어져 있다. 폐는 근육이 없어 흉곽 안에 있는 늑막(뼈와 흉곽을 덮고 있는 막)에 의해 움직이게 된다. 공기가 들어오게 되면 흉곽과 늑막이 넓어져서 자연히 폐가 팽창하고, 반대로 이 기관들이 원위치 하게 되면 폐는 다시 축소해서 폐안의 공기를 다시 내뿜게 된다.

흉곽

흉곽은 흔히 가슴이라고 불리는 부분이다. 위의 그림처럼 늑골이 흉추와 흉골에 연결되어 바구니 모양의 뼈대를 형성하고, 폐, 심장,

기관지, 식도 등을 보호하는 동시에 호흡작용에 관여한다.

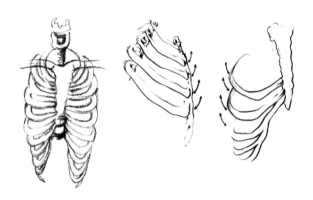

늑골은 총 12대로 되어 있는데 코를 통해 공기가 들어오면 1~5 까지의 뼈대는 위로 올라가게 되어 호흡을 할 때 가슴이 부풀어 오르는 것이고 5~12번까지의 뼈대는 양옆으로 확대된다.

호흡량을 더 많이 늘리기 위해서는 흉곽(늑골)은 아래위로 뿐만이 아니라 양 옆으로 확대되어야 한다.

횡격막

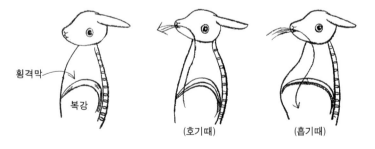

횡격막은 근육으로, 폐와 아래쪽 위와 장이 있는 배 사이에 있다.

횡격막은 특히 공기를 들이마실 때 중요한 역할을 하는 근육으로,

들이마실 때 횡격막이 역동적으로 작용하면 폐활량을 늘릴 수 있다.

또한 호흡을 내쉬는 것도 횡격막이 흉곽과 다른 근육들과 함께 원위치하면서 폐가 줄어들면서 이루어지는 현상이다.

다시 말하자면, 호흡이 들어오고 나가는 것은 어떠한 상황에 의해 뇌가 지령을 내리고 그로 인해 코와 기관지를 통해 공기가 들어오게 되는 것인데 폐는 능동적으로 움직일 수 없는 기관이므로 지령에 의해 횡격막은 아래로 내려와 평평해지고 늑골은 늑골 사이에 있는 근육들이 넓어지므로 늑골의 1∼5번의 뼈대는 위로, 또 5∼12번의 뼈는 좌우로 확장되어 배, 등, 옆구리 근육들이 넓어지므로 자연히 폐의 공간이 넓어지고 그 안으로 공기가 들어오게 되는 것이다.

반대로 위의 기관들이 다시 원래의 자리로 돌아가면 공기는 입을 통해 밖으로 나가게 되는 것이다.

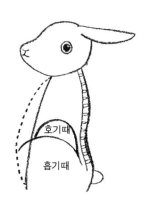

폐는 횡격막이 내려가는 만큼만 확장하는데 호흡을 하다보면 배가 앞으로 나오게 되는 것을 알 수 있다. 이것은 등과 가슴처럼 뼈가 있는 것이 아니라 배는 탄력성이 좋은 근육으로 되어 있어 다른 부분과 달리 장애 없이 적극적으로 근육을 움직일 수 있기 때문이다. 동시에 횡격막이 아래로 내려갈수록 횡격막 아래에 있는 복부 기관들을 압박해서 앞으로 팽창하게 되는 것이다.

4. 호흡법의 종류

앞서 **3. 호흡의 기관**에서 알아본 것과 같이 호흡에는 주로 횡격막, 폐, 가슴, 등의 기관이 사용된다는 것을 알 수 있다. 그렇다면 복식 호흡이니, 흉식 호흡이니 하는 여러 종류의 호흡은 도대체 무슨 차이가 있는 것이고, 호흡의 종류에 따라 호흡의 기관의 운용이 달라지는 것인가라는 의문이 생기게 될 것이다.

이제 호흡법의 종류에 따른 특징에 대해 알아보고, 각각의 호흡법들을 비교해 보도록 하자.

복식 호흡

복식 호흡은 코로 숨을 들이마시고 배와 등의 근육을 사용하여 가슴 부분에 무리한 긴장을 주지 않은 상태에서 폐에 충분한 공기를 들이마시는 것이다.

숨을 들이마시게 되면 횡격막이 아래로 내려가고 이에 의해서 공기는 좀 더 폐의 아랫부분까지 들어와 횡격막의 이동에 의해 배안의 내장들이 아래로 눌려 배가 앞으로 나오게 된다.

흔히들 음성 훈련을 할 때 흉식 호흡을 하지 말라는 말을 많이 들었을 것이다.

그렇다면 흉식 호흡이 완벽히 좋지 않은 호흡이고 복식만이 이상적인 호흡이라고 말할 수 있을까?

예로 우리가 죽음을 하루 앞둔 환자의 역할을 맡게 되었다고 가정해 봅시다. 흔히들 사람은 죽어갈 때 숨이 짧아지고 그러다 숨이 끊긴다고 한다. 아픈 환자의 역할을 연기할 때는 복식보다는 흉식을 사용해야 하는 것이다. 또한 감정과 상황에 따라 얼마든지 흉식 호흡을 사용할 수 있다. 즉, 복식 호흡만이 좋다는 흑백 논리적인 생각보다는 상황과 역할에 따라 적절히 사용해야 한다. 단지 일반적으로 훈련 시 복식 호흡을 요구하는 것은 흉식 호흡 때와 달리 횡격막의 이동을 확장시켜 더 많은 호흡을 들이마실 수 있고, 가슴과 어깨의 긴장을 주지 않아 올바른 자세를 유지하고 좋은 공명을 해낼 수 있기 때문이다.

흉식 호흡

일상생활에서 무의식적으로 하고 있고, 남성에 비해 여성들이 많이 사용하는 호흡을 말한다.

주로 가슴부위를 많이 사용하여 호흡을 하기 때문에 호흡을 들이마실 때 횡격막까지 미치지 못해 가슴과 어깨가 움직이게 된다.

횡격막 호흡

일반적으로 성인의 경우 한번 호흡할 때 500cc 정도의 숨을 들이마시게 되고 횡격막은 2cm 정도 아래위로 움직이게 된다. 횡격막을 얼마나 많이 움직일 수 있느냐에 따라 호흡량에도 많은 차이를 보이게 되는데, 횡격막의 움직임이 10cm 정도 움직이면 최대 5배의 호흡량을 늘릴 수 있다.

횡격막 호흡은 복식 호흡과 호흡하는 방법은 같지만 보다 횡격막에 의식을 두고 호흡한다는 것이 다르다.

단전 호흡

단전은 배꼽에서 세 손가락 아래에 있는 부위를 말한다. 생리학적으로 호흡은 어디까지나 폐에서 이뤄지지만, 단전 호흡은 마치 단전까지 깊게 숨을 들이마신다는 기분으로 호흡하는 것이다.

단전 호흡을 하게 되면 일반 호흡보다 폐활량이 늘고, 내장에 자극을 주어 신진대사에 도움이 되기 때문에 건강을 위해 찾는 요가인들에게 권하고 있는 호흡이다.

단전 호흡과 복식 호흡의 차이를 묻는 사람들이 많은데 단전 호흡은 복식 호흡과는 달리 단순히 호흡을 가슴과 어깨에 무리를 주지 않는 한도에서 깊게 호흡을 들이마시는 것이 아니라 단전에 모든 의식을 두고 자신의 기를 호흡과 함께 단전까지 보내어 호흡을 하는 것이라고 말할 수 있다.

정뇌 호흡

호흡에 사용되는 근육을 반대로 움직이게 하여 신체에 장애를 주면서 호흡을 하는 것으로, 숨을 내쉴 때 배가 나오고, 마실 때 배가 들어가도록 하는 것이다. 이 방법은 1초에 1회씩 빠르게 해야 한다.

이렇게 호흡을 하게 되면 힘든 운동을 한 효과를 줘서 산소 공급과 혈액순환을 왕성하게 하기 때문에, 성악가들이나 배우들이 폐활량 증가와 발성기관을 강화하기 위해 많이 사용한다.

항문 호흡

숨을 들이마실 때나 내쉴 때 항상 항문에 힘을 주고 항문을 조여 주는 것을 말한다. 복식 호흡을 하던 흉식 호흡을 하던 호흡을 할 때 항문에 의식을 두고 항상 조였다 풀었다를 반복하는 것이다.

호흡훈련을 맨 처음 시작할 때 겪는 혼란 중에 하나는 복식 호흡, 횡격막 호흡, 단전 호흡 등의 호흡법의 이름들이다. 그러나 이러한 호흡법들이 저마다 다른 특징을 가지고 있고 그 방법도 서로 다르지만 넓은 의미에서 그 원리는 같다고 할 수 있다.

복식 호흡이란 복근을 움직여서 횡격막의 상하 운동을 도와 많은 양의 숨이 폐로 들어가 긴 호흡을 가능하게 하고 몸의 중심이 하부로 이동해 안정감을 획득할 수 있다. 그러나 복식 호흡이 실제로 호흡을 아랫배까지 이동시키는 것은 물론 아니다. 위에서도 살펴 본 바와 같이 호흡은 폐까지만 이동하는 것이며 나머지 부분은 의식에 관한 부분이라 할 수 있다.

즉 복부의 움직임에 그 중심을 두고 훈련하면 복식 호흡이라 하며 이보다는 늑간근과 복근에 동시에 의식을 두어 횡격막의 역동성에 중점을 두고 있다면 횡격막 호흡이라 한다. 또한 단전 호흡은 배꼽에서 세 손가락 아래 부분에 그 의식을 집중하고 기를 모으는 것을 목표로 하는 것이다.

이렇듯 호흡법의 종류는 다양하나 연기자가 호흡 훈련에서 기억해야 할 것은 늑간근의 작용을 극대화하여 폐장을 확장하고 복근을 사용하여 횡격막을 최대로 팽팽하게 끌어내려 폐활량을 늘이고, 기관을 강화한다는 것이다. 다시 말해, 호흡 훈련은 횡격막을 유기적으로 사용하여 폐활량을 늘리고 안정된 호흡을 하기 위함이므로 호흡법의 종류나 호흡법들에 너무 혼란스러워 할 필요는 없다.

5. 호흡하는 근육 느끼기 – 호흡으로 진동 만들기

다음의 훈련은 호흡할 때 우리 몸에 어떤 근육들이 적극적으로 참여하는지 알아보고 그 근육들을 자각해 보기 위한 훈련들이다. 근육에는 세 가지 특징이 있다. 신장된다. 축소된다. 진동을 전달한다. 이들이 약하면 필요한 호흡의 양을 확보할 수 없으며 근육 자체의 공명도를 저하시킨다. 공기를 흡입하는 작용은 주로 복근, 늑골근, 등 뒤의 근육이 담당하며 호흡을 전적으로 지배하고 있다고 해도 과언이 아니다.

호흡은 무의식적, 역동적으로 움직일 때가 있다. 의자에 앉거나 쪼그린 상태, 어디에 기대거나, 뛰거나, 춤추거나, 스키를 타거나 등의 순간이다. 행동을 하느라 자연스럽게 구부리고 있을 때 본능적이며 능동적인 호흡이 이루어진다. 또한 구르거나 좋은 향기를 맡거나 한숨을 쉬거나 하품을 하거나 웃으며 들숨할 때 역시 능동적이며 무의식적인 호흡이 일어난다. 이러한 상태를 자각하고 호흡에 참여하는 근육(등, 윗배, 아랫배, 옆구리 등)의 근육 움직임을 느끼고 그 느낌을 기억한다.

이제 직접 훈련을 통해 윗배, 아랫배, 양 옆구리 등의 근육의 움직임을 확인해 보자.

들숨을 하면 횡격막이 아래로 수축하면서 팽팽해지고 대신 늑간근의 움직임으로 가슴은 넓어지고 폐가 확장한다. 또한, 횡격막이 아래로 팽팽해지면서 장기가 눌림을 받아 상대적으로 탄력적인 복부가 앞으로 팽융한다. 횡격막은 숨을 들이마실 때 작용하는 기관이고 숨을 내쉴 때는 피동적으로 제 위치로 원상 복귀된다.

우리는 위에서 횡격막의 움직임의 활성화와 그 중요성에 대해서 이미 알아보았고 대부분의 호흡 훈련이 횡격막 움직임의 역동성을 확보해 폐활량을 늘이고 그에 참여하는 근육들의 유기적이고 효과적인 상태를 자각하는 것에서 시작됨을 살펴보았다.

이제 아래의 훈련들을 통해 호흡과 소리의 연결에 있어 가장 중심이 되며 출발점인 횡격막을 인지하고 호흡과 진동의 탄생을 느껴보도록 하자. 횡격막은 직접 느낄 수는 없으나 복근의 작용에 따라 고무줄처럼 그 역동성이 결정되고 그 긴장도에 따라 목소리의 맑음이 결정지어진다. 또한 흉근이나 복근에 의해 진동을 전달받고 다시 전송하기도 한다.

그러나 이러한 복잡한 과정을 인지한다는 것은 불필요하며 인지할 수도 없다. 다만 호흡과 횡격막의 움직임을 상상하고 그에 따른 진동의 탄생을 느껴보고 자각하는 과정이라 할 수 있다.

등을 대고 누운 상태

횡격막 호흡을 훈련할 때 누워서 시작하는 것이 가장 바람직하다. 척추의 긴장을 최소화하려는 이유도 있지만 가슴의 움직임이 제한을 받아 횡격막의 움직임이 더욱 적극적으로 유도되기 때문이다.

부드러운 모래 위에 몸을 눕힌다. 하복부에 따뜻한 햇살이 내리쬐고 수많은 공기 방울들이 가득 차 떠다니는 넓은 호수가 있다. 따뜻한 공기가 자연스럽게 밖의 공기와 순환하도록 입을 연다. 턱의 긴장을 최소화하도록 한다. 하복부의 넓은 호수에서부터 시작된 부드러운 관이 입까지 연결되어 있다. 나의 몸속에는 오직 하복부의 호수와 입을 연결하는 관만이 있다. 이에 방해되는 어떠한 무엇도 내안에는 존재하지 않는다. 관의 중간에는 탄력 있는 천으로 만들어진 펌프(횡격막)가 있어 호흡을 내리고 호흡을 내뿜는다.

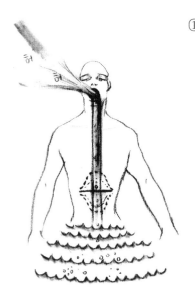

① 차가운 공기를 마신다. 펌프가 (횡격막) 아래로 당겨지며 호흡을 호수로 보내고 그 차가운 공기는 금방 데워져 올라오는데 당겨진 펌프가 위로 제 위치를 찾으며 '허~~~' 하고 가벼운 진동을 만들어 내고 이 진동과 따뜻한 공기가 한숨처럼 공기 중에 퍼진다. 다시 시원한 공기가 들어오고 펌프가 당겨지고 공기는 따뜻해지고 펌프가 원상복귀 되면서 '허~~~' 하고 소리를 만들어 낸다.

몇 번 반복하여 훈련해 보고 소리가 만들어 지는 순간의 느낌을 의식해 보도록 노력한다.

'허~~~' 하는 소리가 들이마신 호흡의 양이 많아짐에 따라 점점 그 진동이 커진다.

② 이제는 '허~~~' 하는 소리와 함께 안도의 감정, 기분 좋음, 행복함, 근심들을 실어 훈련해 본다.

일부러 근육의 움직임을 만들어 내거나, 소리를 만들어 내려 하지 않는다. 처음엔 익숙하지 않을지라도 점점 이 과정이 자신에게 편안하게 느껴질 때까지 반복한다.
한손을 복부에 올리고 움직임을 느껴 보자.

③ ①에서의 훈련과 같은 방법으로 진행하고, 이번에는 누군가를
부른다고 상상한다. '어이~~~'라는 진동과 함께 문밖에 사람
을 불러본다. 점점 그 사람과의 거리를 두자. 처음에는 바로
옆 ⇒ 이제는 창문 넘어 ⇒ 마당을 지나 ⇒ 이제는 작은 강
건너, 이렇게 거리가 멀어짐에 따라 들숨하는 차가운 공기의
양이 달라짐을 느낄 수 있을 것이다. **우리는 심리적으로 의지
만큼 들숨의 양을 조절한다.** 거리가 멀어진다고 하더라도 근육
의 느낌을 처음처럼 유지하려고 노력하여야 한다.

쪼그리고 앉은 자세

① 아름다운 꽃밭을 상상한다.
② 꽃 냄새를 맡아보기 위해 바
닥에 쪼그리고 앉는다. 머리를
자연스럽게 바닥을 향해 수그
린다.
바닥에서 나는 꽃 냄새를 맡아본
다. 이 자세에서 등의 가장 솟은
부위에 손을 대본다. 호흡할 때마
다 등 뒤에 근육이 움직이는 것을 느낄 수 있다.
점점 냄새가 약해진다고 상상하고 향기로운 그 냄새를 더 깊
숙이 들이마셔 본다. 등의 근육은 더욱더 적극적으로 움직임을
느껴 볼 수 있을 것이다.

③ 이제는 '음~~~마~~~' 하며 신음 소리와 함께 호흡을 내
뿜는다. 근육의 움직임뿐만 아니라 진동도 등 뒤 부위에서 손
으로 전해질 것이다. 손바닥으로 툭툭 건드려 진동을 증폭시켜
보자. 소리는 저 아래 하복부에서부터 나온다고 생각하고 저음

으로 '음~~~ 마~~~' 해본다. 그 울림이 더 많아지는 것을
경험할 수 있다.

옆으로 누운 자세

① 태아가 엄마 뱃속에서 평
화롭게 호흡하고 꿈꾸는
듯한 자세를 취해 본다.
평안하고 행복한 신음을
해 보자. 그 어떤 불안과
두려움도 없이 나는 엄
마의 뱃속에서 쉰다. 아랫배가 호흡으로 채워지고 따뜻하다.

② 풍선을 불어본다. 말랑말랑하고 예쁜 색깔의 풍선을 상상한다.
아랫배에서 따뜻한 공기를 입술 끝으로 전달해 풍선을 분다.
손가락 끝에 상상의 풍선이 점차 따뜻해짐을 느낀다.
아랫배의 따뜻한 공기가 입술 끝에서 풍선 속으로 들어갈 때
무성음으로 '스으~~~~~' 하고 소리를 내어 본다.
나의 풍선은 점점 커다랗게 부풀어 오르고 하늘로 날아오른다.

 옆구리 근육의 움직임을 손으로 확인한다.

③ 같은 방법으로 빨대를 이용해 맛있는 쥬스를 마신다.

6. 호흡 훈련

1) 누워서 하는 호흡 훈련

대사의 길이와 정서에 따라 호흡의 길이와 강약 등은 변화한다. 긴 모노로그를 할 때는 긴 호흡을 이용해 대사의 흐름이 끊기지 않아야 하며, 명령조의 대사는 짧고 강한 호흡으로 해야 한다. 또한, 격한 흥분을 나타내기 위해서는 불규칙적인 호흡을 이용해 감정을 표현한다.

그러나 혹은 반대로 접근할 수도 있을 것이다. 강한 의지를 담은 대사를 짧은 문장으로 말할 때 우리는 짧고 강한 호흡으로 그 대사를 말해 봄으로써 단오하고 강한 의지가 심리적으로 생겨남을 경험할 수 있다. 또 불안한 정서를 연기하기 위해 불규칙적인 호흡을 시도함으로써 그 정서로 이입되는 것을 도울 수 있다.

그러나 가끔 배우들은 한번의 호흡으로 여러 줄의 대사를 말해야 하는 훈련을 받는다. 그러나 이것은 한번의 호흡으로 얼마나 오래 버틸 수 있는지 시간을 재어보는 훈련처럼 시대에 뒤처진 음성 훈련에 지나지 않는다. 이러한 방법은 호소력 없는 큰 소리를 얻는 데 그칠 수 있다. 이러한 큰 목소리를 위한 또 다른 방법으로 복근을 주먹으로 치기도 하는데 이 방법은 배우에게 반복해서 '아~~~'를 큰소리로 외치라고 종종 요구한다.

이 같은 소리는 복근을 억지로 밀어서 나오는 소리일 뿐 아니라 소리를 밀어내기 위해 근육을 긴장시켜 목소리를 감정적으로 잡아 놓는 결과를 낳게 된다. 기본적으로 이 방법은 목소리를 감정과 연결시키는 것이 아니라 근육과 연결시키는 것이다. 이런 방법으로 만들어진 소리는 오로지 폭력 장면에서나 적합하게 사용될 수 있을 것이다. 그러므로 가장 이상적인 소리 만들기 방법은 호흡을 통해 감정을 생성하는 것이다.

그렇다면 이제 연기자가 어떻게 하면 정서적인 참여를 바탕으로 폐활량을 증가시키고 호흡을 통해 소리를 생산해 내는 것을 익힐 수 있는지 아래의 훈련들을 통해 짚어 본다. 긴 호흡, 짧은 호흡, 불규칙적인 호흡을 상황에 따라 유기적으로 훈련해 보고 근육의 움직임과 느낌을 인식해 보자.

(1) 호흡의 길 익히기

가장 편안하게 누운 상태에서 움직임 없이 시작해 보자. 이 자세는 몸을 일으켜 세우는데 그 어떤 근육의 에너지도 사용하지 않은 상태이기에 이완을 최대한 느낄 수 있다. 이제 자신의 무의식적인 호흡을 느껴본다.

① 바닥에 이완한 상태로 편안하게 눕는다.
　중력에 몸을 맡기고 신체의 에너지와 나의 의식이 소통함을 느낀다.

 긴장·이완 훈련을 마친 상태에서 신체의 에너지와 나의 의식이 교류함을 느낀다.
　귀 옆에 있는 턱 관절과 근육들을 이완시켜 이를 악물지 않도록 한다.

③ 입안에 있는 혀를 자유롭게 하여 입천장에 고정되어 있지 않도록 한다.

④ 자신의 호흡이 움직이는 것을 느낀다.

> 이때 느껴지는 호흡은 자신의 습관적인 호흡이 아닌 낯
> 선 것일 수도 있다.

⑤ 내 하복부에는 공기방울이 가득한 넓은 호수가 있고, 나는 호
수와 입으로 연결된 넓은 관을 통해 하복부의 공기방울을 뿜
어내는 분수라고 상상한다.

⑥ 하복부에 가볍게 한손을 올리고 근육의 움직임을 느껴본다.

⑦ 호흡을 몸 밖으로 보낸다.

⑧ 하복부의 공기방울이 가득 찬 넓은 호수에서 위의 관을 통해
공기방울을 최대한 뿜어내고 호흡하고 싶은 욕구가 간절해질
때까지 기다린다. 욕구가 생겨나면 자연스럽게 들이마신다.

⑨ 다시 기다린다. 의식적으로 제어하지 않도록 주의한다.

⑩ 욕구가 느껴지면 자연스럽게 호흡을 내보낸다. 차가운 공기가
코와 입으로 빨려들어와 하복부로 전해지고 따뜻하게 데워진
공기가 관을 통해 입술 끝으로 전달되어진다.

⑪ 여러 번 반복한다.

⑫ 이제는 하복부에 양손을 얹고 가볍게 '후～' 하고 몸 안에 있
는 호흡을 모두 내뿜고 입을 다물어 '진공 상태'를 만든다.

"진공 상태 만들기"란?

강한 본능적 반사 작용을 이용하여 전체 호흡기관을 자극하기 위한 것이
다. 이 과정을 '진공상태 만들기'라고 한다. '진공'이라는 자연의 힘을 이용해서
호흡 근육들이 강하게 움직이도록 자극하는 원리이기 때문이다.

호흡 훈련의 시작은 항상 '진공 상태 만들기'에서 시작되는 경우가 많다.
스펀지에서 완전히 물을 짜내듯이 폐에서 모든 공기를 빼내는 것이다. 짧고

가벼운 숨으로 '후우~' 하고 호흡을 밀어 내고 입으로 자신도 모르게 공기가 세어들어가는 것을 막기 위해 입술을 다문다. 이후 몸속에 공기가 하나도 남지 않은 진공 상태임을 인식하고, 들숨의 욕구를 강하게 느끼게 됨에 따라 숨을 들이 쉬진 않으나 늑간 근육은 그 반작용으로 흉강을 한껏 확장하게 된다. 이 욕구가 극에 달할 때 코로 숨을 빨려들도록 하는데 진공상태를 싫어하는 인체의 법칙에 따라 자연히 숨이 빨려들어갈 것이다. 이 과정의 체험을 통해서 흉강의 팽창과 호흡의 욕구를 강렬히 자각하게 될 것이다. 즉, 자연스런 반사적 움직임을 이용해서 호흡 근육을 단련하는 원리이다.

'진공상태 만들기'는 다른 훈련들과 독립되어서 하나의 훈련으로 몇 회 반복 실시하여 전체 호흡 시스템에 활력을 넣어주는 훈련으로 이용된다. 또한 이처럼 다른 훈련과 결합되어 사용되기도 한다. 단 다른 훈련과 병행하여 실시하는 경우에는 진공의 상태를 오래 끌지 않도록 한다.

⑬ ⑫의 상태에서 코로 숨을 깊게 들이마시면서 최대한 느린 속도로 호흡을 넣어, 아랫배의 호수에 공기를 가득 채운다.

⑭ 아랫배에 호흡이 가득 차서 내쉬고 싶은 충동을 느끼면, 긴 관을 통해 아주 천천히 호흡을 올린다. 호흡이 온 몸으로 순환하는 것을 느낀다. 각 근육의 사이사이 관절과 내장 모든 기관으로 나의 호흡이 순환하고 헤엄친다. 호흡이 순환하면서 나의 몸은 풍선처럼 가벼워짐을 느낀다.

⑮ 호흡이 입술 끝에 도착하면, 이완되어 있는 턱과 혀, 입술을 통해 '허우~~~'라는 소리와 함께 뿜어낸다.

이때 인위적인 소리가 되지 않도록 노력한다. 소리가 아니라 호흡을 내뱉는다고 생각하는 것이 좋으며, 좋은 소리를 낼 필요도 없다. 몇 번의 반복을 통해 '허우~~~' 하고 내뱉는 순간 편안한 안도의 느낌을 실어 보자. 더없는 편안함과 안도감을 상상하자. 혹은 그러한 순간을 기억해서 정서를 환기해 보자.

안도의 감정의 크기를 점점 확대시켜 본다. 수줍은 안도의
미소에서 큰 사건에 대한 안도의 호흡으로 발전시킨다.

호흡의 변화와 각 근육 조직의 미세한 움직임을 느껴본다.

⑯ 호흡이 다 나오고 진공상태가 되면 다시 편안히 입을 다물고
들숨의 충동을 느낄 때까지 기다린다.

충동이 느껴지면 코로 깊게 들이마신다.

위의 훈련을 반복하여 자신의 들숨과 날숨의 길을 스스
로 인식해야 한다. 처음에 이 훈련을 하는 경우에는 수
면 상태에 빠지는 학생들이 종종 있다. 이는 진정한 이완에
대한 인식이 막연해 자신의 신체 에너지를 조율할 수 없을
때 생겨난다. 처음엔 이러한 훈련이 생소하여 당황하고 무엇
을 느껴야 하는지 막연한 경우도 있을 것이다. 그러나 그러
한 생소함을 극복하고 마음에 긴장을 풀며, 자신의 신체와
무의식의 세계와 만나는 기쁨을 즐기길 바란다.

(2) 깃털불기

① 아랫배에 손을 얹은 상태에서 몸 안에 모든 호흡을 한번에
'후~'하고 내뱉은 후 입을 다물어 코로 숨을 들이마신다.

아랫배에 한손을 올려놓으면 배의 근육(복근)이 움직이는
것을 느낄 수 있을 것이다. 복근이 움직이는 것은 당연
하다. 그러나 이 움직임은 어디까지나 횡격막이 움직이면서
오는 반동에 의한 수동적인 움직임이다. 호흡을 발산하여야
하기 때문은 아니다. 따라서 일부로 복근을 수축하거나 부풀
린다면 오히려 긴장을 불러오게 되니 주의하여야 한다.

② 입에서 30cm 정도의 거리에 자신이 구체적으로 상상하는 모
양, 색깔, 크기의 깃털이 있다고 생각한다.

③ 아랫배에 저장한 호흡을 입으로 올려 내뿜으며 그 깃털이 일정
한 거리를 유지하고, 최대한 오랫동안 떠 있을 수 있도록 한다.
호흡이 모자라서 숨을 들이마시고 싶은 충동을 느끼면, 남아있
는 모든 호흡으로 깃털을 날려 보내 몸을 호흡이 없는 '진공상
태'로 만든다.

입을 다물고 다시 코로 숨을 들이마셔, 위의 과정을 반복한다.

호흡 끝에 깃털을 날려 보내는 것은 매우 중요하다.
연기자가 긴 대사를 하는 경우 호흡이 달리는 상황을 들
키지 않고 오히려 강하게 밀어내고 여유 있게 들이마시기
위해서이다.

(3) 수박씨 뱉기

① 아랫배에 손을 얹은 상태에서 내 몸 안에 모든 호흡을 한번에
‘후~’ 하고 가볍게 내뱉은 후 입을 다물어 코로 숨을 들이마신다.
② 누운 상태는 천장의 어느 지점, 선 상태에서는 정면의 어느 일
정한 장소에 과녁을 정한다. 그리고 두 손을 모아 관을 만들어
입안에 있는 수박씨를 과녁에 맞힌다고 상상하고 호흡을 강하
게 뿜어내자.

반드시 과녁을 정하고 수박씨가 과녁의 정중앙을 향해
날아가 꽂히도록 한다. 나의 호흡은 내가 원하는 방향으
로 정확히 내뿜어져야 하는데 이것은 연기자가 대사를 할

때의 방향성과 전달력에 중요한 영향을 미치기 때문이다.

③ 처음에는 한 호흡에 수박씨 한 개씩을 내뿜고, 다음 단계에서는 한 호흡에 두 개, 세 개 등으로 개수를 늘려 과녁에 맞힌다.

한 호흡에 내뱉어지는 수박씨의 개수가 늘어남에 따라 마지막으로 뿜어내는 수박씨의 강도가 약해지지 않고 반대로 더 강해지도록 노력한다.

(4) 분수

① 바닥에 긴장을 이완한 상태로 편안하게 눕는다.
② 내 아랫배에는 공기방울이 가득한 넓은 호수가 있고, 나는 호수와 입을 연결한 관을 통해 아랫배의 공기 방울을 뿜어내는 분수라고 상상한다.
③ 아랫배에 양손을 얹고 가볍게 '후~' 하고 몸 안에 있는 호흡을 모두 내뿜고 입을 다물어 진공상태를 만든다.
④ 코로 숨을 들이마셔서 아랫배에 넓은 호수로 보낸다. 아랫배에 모아진 공기방울들을 관을 통해 '스~~~'라는 진동과 함께 분수처럼 뿜어낸다.
⑤ 호흡이 다하면 숨을 코로 들이마시고 위의 과정을 반복한다.
⑥ '즈~~'라는 진동과 함께 조금 더 강하게 내뿜는다.
⑦ '르~~'라는 진동으로 제일 강하게 내뿜는다.

'스~'는 가장 작은 분수, '즈~'는 중간 크기의 분수, '르~~'는 가장 큰 분수로 가정하고 물줄기는 점점 굵

어지고 강해진다고 상상한다. 즉, 점점 강한 호흡을 내뿜는
것이 중요하다.

⑧ 고장 난 분수라고 생각하고 '스~', '즈~', '르~'의 호흡을 불
규칙적으로 뿜어 보자. 이때 호흡은 자연스럽게 들이마시며 훈
련한다.

(5) 모기 잡기

① '즈~~~~' 소리를 내며 내 주변을 날아다니는 모기를 상상하자.
눈으로 그 모기를 관찰하고, 입으로는 '즈~'라고 모기 소리를 낸다.
② 모기가 가까이 접근하면 '즈'라는 소리가 강해지고, 멀어지면
'즈'라는 소리가 약해진다.
③ 모기가 파리채에 잡혔다고 생각하고 '즈~~'라는 소리를 호흡
으로 밀어 내며 강하게 멈춘다.

(6) 풍선 불기

풍선을 분다고 상상하고 천천히 길게 한 호흡씩 한 호흡씩 불어본다.

2) 서서 하는 호흡 훈련

앞서 '누워서 하는 호흡 훈련'을 통해 우리는 주로 복근 조직과 횡격막 조직의 사용과 자각에 주의를 기울였다면 이제 '서서 하는 호흡 훈련'을 통해 늑간 조직의 스트레칭과 이완에 노력해 보자. 늑간 조직이란 갈비뼈와 그 사이의 근육들을 의미한다. 늑골과 늑간근은 다른 신체 부위와 마찬가지로 앞면 뒷면 밑면 측면으로 이루어져 있고 들숨이 들어오면 각각의 부위들이 빠르게 확장된다. 이제 이 근육들을 유연하고 탄력있게 성장시켜 폐가 더 많이 확장할 수 있도록 몸 안에 빈 공간을 만드는 것이다. 또한 이러한 근육들을 의지에 의해 조절할 수 있도록 훈련하여야 한다. 늑골 근육들이 해야할 일은 들숨시 폐를 뺀 갈비뼈의 무게를 들어올리는 것인데, 그렇다고 해서 들숨을 할 때 가슴이 부자연스럽게 팽창되어서는 절대로 안 된다. 가슴 모양을 변형하거나 가슴둘레를 확대하거나 가슴을 앞으로 내밀고 등을 수축하는 등의 과장된 행동을 해서는 안 된다는 뜻이다.

아래의 훈련들을 통하여 복근, 횡격막, 늑간근이 유기적으로 작용하는 호흡을 체험하게 될 것이며 흉강(가슴부위의 빈 공간)을 활용하는 법을 습득하게 될 것이다.

올바른 자세를 위해서 무릎을 뻣뻣이 세우는 것은 좋지 않다. 척추가 곡선을 그리면서 요근(허리의 근육)이 수축하기 때문에 무릎을 항상 약간 구부린다. 뒷목의 근육을 긴장하여 머리를 뒤로 제치거나 턱이 들리지 않도록 주의하고 정수리 부분이 가장 높을 곳을 향하게 하며, 배를 내밀거나 당기지 않는다. 행진하는 군인처럼 가슴을 인위적으로 부풀

리지 않도록 유의한다. 어깨뼈를 늘이는 기분으로 등과 흉강
을 확장시킨다.

(1) 어깨 돌리기

① 아랫배에 가볍게 양손을 얹어 '후~'하고 짧게 몸 안에 있는
모든 호흡을 내뱉는다.

② 모든 호흡을 내뱉음과 동시에 입을 다물어 몸 안에 호흡이 하
나도 없는 상태에서 코로 깊게 호흡을 들이마시며 아랫배의
상상의 호수로 호흡을 보내 저장한다.

③ 호흡을 내뱉고 싶은 욕구가 생기는 일정한 시간을 기다려서 욕
구가 생기면, 오른쪽 어깨를 돌리며 아랫배에 저장한 호흡을
천천히 모두 내뱉는다. 단, 한 호흡에 훈련해야 하며 중간에
들숨하지 않는다.

④ ①, ②를 반복한 후, 왼쪽 어깨를 ③과 같이 훈련한다.

⑤ 위와 같은 방법으로 양쪽 어깨를 동시에 훈련한다.

⑥ ①, ②를 반복한 후, 어깨를 돌리며 숨을 내쉴 때, '스~~'라
고 진동과 함께 호흡을 내뱉는다.

⑦ 호흡을 다 뱉으면 동시에 입을 다물고 코로 호흡을 들이마신
뒤, 어깨를 돌리며 '즈~'라는 진동과 함께 호흡을 내뱉는다.

⑧ 위와 같은 방법으로 양쪽어깨를 동시에 돌리며, '르~~'라는
진동과 함께 훈련한다.

⑨ 위의 과정을 여러 번 반복한다.

⑩ 위의 과정대로 하면서 이번에는 '스~' '즈~' '르~' 대신에
'비~베~바~'를 반복하여 훈련한다.

⑪ 위의 과정대로 하되, '스~' '즈~' '르~' '비~베~바~' 대

신에 '바보, 바람, 마음' 등의 유성음으로 이루어진 단어를 선택해 훈련한다.

⑫ 다시 이번에는 적절한 시를 선택해서 한 호흡으로 읊을 수 있는 데까지 읊되, 마지막 단어는 밀어내며 끝낸다.

⑬ 다시 코로 숨을 들이마셔서 시를 연결하며 읊어 보자.

(2) 팔 굽히고 돌리기

'어깨 돌리기'의 훈련을 팔을 굽혀 어깨를 잡은 상태에서 어깨와 팔을 동시에 돌리면서 반복 훈련한다.

(3) 팔 펴고 돌리기

① 아랫배에 가볍게 양손을 얹어 '후~'하고 짧게 몸 안에 있는 모든 호흡을 내뱉는다.

② 모든 호흡을 내뱉음과 동시에 입을 다물어 몸 안에 호흡이 하나도 없는 진공 상태를 만든다.

③ 이 상태에서 코로 깊게 호흡을 들이마시며 오른팔을 위로 들어 올리면서 아랫배의 호수로 호흡을 보내 저장한다.

④ '스~'라는 소리와 함께 오른팔을 돌리면서 다섯 번 팔을 돌리는 동안 몸 안의 호흡을 다 내뱉는다.

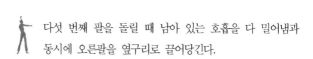 다섯 번째 팔을 돌릴 때 남아 있는 호흡을 다 밀어냄과 동시에 오른팔을 옆구리로 끌어당긴다.

⑤ 이번에는 똑같이 코로 호흡을 들이마시면서 왼팔을 위로 힘차

게 들어올린다.

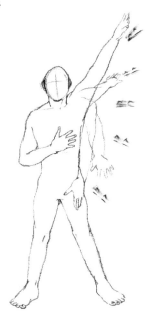

⑥ '즈~'라는 진동과 함께 왼팔을 돌리면서 여덟 번 돌리는 동안 몸 안의 모든 호흡을 내뱉는다.

여덟 번째에 호흡을 힘차게 내뱉으며, 팔을 옆구리에 붙인다.

⑦ 코로 호흡을 들이마시면서 동시에 양팔을 힘차게 위로 든다.

⑧ '르~'라는 진동과 함께 양팔을 돌리면서 열 번 돌리는 동안 몸 안의 모든 호흡을 내뱉는다.

열 번안에 호흡을 다 내뱉되 호흡이 모자랄 때에는 아홉 번이나 여덟 번에 끝낸다. 또, 호흡이 남을 시에는 10번에 맞추어 10번째에 모든 호흡을 밀어내며 양손을 옆구리에 힘차게 붙인다.

 훈련이 익숙해지면, 5-8-10번을 8-10-12번으로 늘리고 이것을 다시 10-12-14번으로 늘려 훈련한다.

(4) 촛불 끄기

① 아랫배에 가볍게 양손을 얹어 '후~' 하고 짧게 몸 안에 있는 모든 호흡을 내뱉는다.

② 모든 호흡을 내뱉음과 동시에 입을 다물어 몸 안에 호흡이 하나도 없는 상태에서 코로 깊게 호흡을 들이마시며 아랫배로 호흡을 보내 저장한다.

③ 내 앞에 촛불이 놓여 있다고 상상하자. 처음에는 촛불을 끄는 것이 아니라 입으로 불어서 촛불이 휘어지게 만든다.

④ 호흡이 끝날 때쯤에는 남아 있는 모든 호흡으로 꺼 버린다.

⑤ 촛불의 거리를 점점 멀리해 가며 여러 번 반복한다.

⑥ 촛불이 앞에 일정한 거리로 세 개가 놓여져 있다고 상상하고 한 호흡에 세 개를 모두 끈다.

⑦ 점점 초의 개수를 네 개, 다섯 개로 늘려가며 훈련해 보자.

⑧ 촛불이 내 앞에서부터 점점 멀리 차례로 위치하고 있다고 상상하고 가까이 있는 순서대로 한 호흡에 모두 끈다.

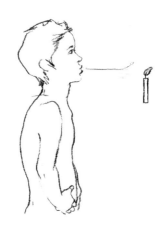

멀리 있는 촛불일수록 호흡에 참가하는 근육이 적극적으로 움직이는 것을 느껴 보자.

(5) 총 쏘기

① 총 쏘는 소리를 흉내낸다고 상상하고, '크스!' '트스!' 하는 소리를 내본다. 그리고 내가 설정한 과녁에 소리가 총알처럼 정확하게 박힌다고 상상하며 소리를 강하고 역동적으로 내본다.

② 가볍게 아랫배에 손을 댄 후, '후~' 하는 소리와 함께 몸 안의 모든 호흡을 다 내뱉은 후, 양팔을 옆으로 펴며 코로 숨을 들이마신다.

③ ②의 상태에서 다리를 어깨 넓이로 벌려 고정하고 허리를 180°로 회전하면서 '크스! 트스!' 하는 소리와 함께 나의 오른쪽과

왼쪽에 있는 과녁에 총을 쏜다고 생각하고 소리를 내 보자.

- 팔을 돌리지 않고 허리를 돌려 옆구리 근육을 유기적
  으로 움직이도록 한다.
- 내가 상상한 과녁에 정확히 '크스!' '트스!' 하는 소리
  가 총알처럼 박힌다고 상상한다.
- 총을 쏠 때, 팔이 가슴 밑으로 내려오지 않도록 유의
  한다.

(6) 나사 돌리기

① 가볍게 아랫배에 손을 댄 후, '후~' 하는 소리와 함께 몸 안
  의 모든 호흡을 다 내뱉은 후, 양팔을 옆으로 펴며 코로 숨을
  들이마신다.

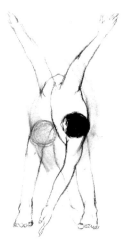

② 숨을 들이마신 상태에서 팔을 옆으로 펴고 허리를 90°로 굽혀
  좌우로 180° 회전할 때마다 차례로 '크스!' '트스!' '프스!'라는

소리와 함께 호흡을 내뱉는다.
③ 계속 할 수 있을 때까지 반복한다.

- 허리를 유기적으로 많이 돌린다.
- 소리가 팔에서 난다고 상상하고 멀리 역동적으로 팔을 움직여 보자.
- 훈련을 시작하기 전에 먼저 '크스!' '트스!' '프스!'라는 소리를 연습해 본다.

(7) 비행기

① 가볍게 아랫배에 손을 댄 후, '후~' 하는 소리와 함께 몸 안의 모든 호흡을 다 내뱉은 후, 양팔을 옆으로 펴고 코로 숨을 들이마신다. 단, 팔을 약간 위로 쳐들어 비행기처럼 만든다.
② 혀끝 안을 가볍게 진동시켜 '르~~~' 하면서 호흡을 내뱉고, 동시에 팔을 휘저으며 비행기가 푸른 창공을 신나게 날아다니는 것처럼 흉내를 낸다.
③ 한 호흡에 훈련하되, 호흡이 다 되면 처음부터 다시 시작한다.

(8) 스키타기 (노르딕)

① 가볍게 아랫배에 손을 댄 '후~' 하는 소리와 함께 몸 안의 모든 호흡을 다 내뱉는다.
② 호흡을 들이마시며 양팔로 폴대를 잡는 듯 무릎을 굽히며 스키를 타고 달릴 준비를 한다고 상상하자.
③ 정확히 달릴 곳을 보고 가상의 폴대로 바닥을 힘차게 밀어내며

‘스~’라는 소리를 내면서 정면을 향해 앞으로 달려 나가는 것
처럼 움직인다. (그러나 실제로 움직이는 것은 아니며 발은 바
닥에 붙어 있다.)

‘스~’ 소리와 함께 점점 팔을 내젓는 동작을 빨리해서 속도를
높인다고 상상한다.

④ 결승점에 다다라 최대한 속력을 낸다고 상상하고 제자리에서
가장 크게 빠르게 팔을 움직이며 ‘스! 스! 스!’ 소리를 낸다.
(팔을 크게 움직이며 폴대로 바닥을 힘차게 밀어낼수록 호흡도
커지면서 ‘스~’ 소리가 강하게 나올 것이다.)

⑤ 결승점에 도착하면 서서히 긴 호흡으로 ‘스~~~~’라는 소리
를 내며 속도를 줄인다.

- 스키 타기 훈련은 속력에 따라 긴 호흡과 짧은 호흡을
  유기적으로 내뱉는 훈련이다.
- 시선은 항상 달리는 방향을 향해 든다.
- ‘스~’라는 소리가 입을 통해서가 아니라 스키를 신은
  발아래에서 나는 것처럼 상상하자.

(9) 부메랑 던지기

① 가볍게 아랫배에 손을 댄 후, '후~' 하는 소리와 함께 몸 안의 모든 호흡을 다 내뱉고 나서, 양팔을 옆으로 펴고 코로 숨을 들이마신다.
② 상상의 부메랑을 던지고 부메랑이 움직이는 모습을 '츠!' 소리와 함께 묘사해 보자.
③ 부메랑이 앞으로 멀리 날아가는 것을 보며 부메랑이 멀어져 가면 소리와 호흡도 멀리 내뱉는다.

(10) 모형 비행기 조정

① 가볍게 아랫배에 손을 댄 후, '후~' 하는 소리와 함께 몸 안의 모든 호흡을 다 내뱉고 나서, 양팔을 옆으로 펴고 코로 숨을 들이마신다.
② 상상의 모형비행기의 끈을 잡고 앉았다가, 제자리에서 돌면서 모형 비행기를 회전시키며 서서히 일어나는 동작과 함께 '르~~~~~' 소리를 내본다.
③ 상상의 모형비행기에서 '르~~'라는 소리가 난다고 생각하자.
④ ①, ②, ③의 훈련이 익숙해지면 앉았다가 일어나는 동작을 할 때, 음의 높이도 낮은 상태에서 높게 올려본다.

(11) 노젓기

① 노젓는 동작과 함께 '쓰으!' 소리를 낸다.
② 동작과 소리가 유기적으로 조화를 이루도록 노력한다.
③ 익숙해지면 서로 노젓기 시합을 해 보아도 좋다.

3) 장애 극복 호흡 훈련 – '흠하, 흠하'

호흡 작용에 참여하는 윗배, 아랫배, 등, 옆구리, 늑간근 등의 근육을 인식하고 이완을 체험하였으며 동시에 그 기관들의 기능을 강화하기 위해 많은 훈련들을 하였다.

이제까지의 모든 호흡 훈련은 각 기관을 활성화함으로써 그 기관의 능력을 한층 증대시키는데 있었다면 이제부터는 호흡근육에 움직임을 방해하는 동작들을 하면서 호흡 근육이 제 역할을 담당하는데 장애를 줌으로써 오히려 호흡 기관을 발전시키는 원리이다.

늑간근, 횡격막, 복근 등이 호흡을 들이마실 때 방해되는 동작들을 연결하여 실시하고 그 방해동작을 극복하기 위해 각 근육이 더욱 활발하게 움직이도록 하는, 호흡 기관을 총체적으로 개발하는데 좋은 훈련이다. 육상선수들이 다리의 근력을 강화시키기 위해 일부러 모래주머니를 다리에 맨 채 뛰는 것과 같은 이유이다. 숨을 들이쉴 때 윗배, 아랫배, 옆구리 등의 근육을 확장하고 활성화하는 것이 아니라 들숨의 욕구는 강하게 가지나 오히려 각 기관은 수축시켜 줌으로써 호흡 근육이 그 장애를 극복하기 위해 더욱 활성화되고 강화되는 원리를 이용한 것이다.

연습 과정을 통해 훈련이 익숙해지면, 소리 훈련의 시작으로 이 훈련을 하면 호흡 훈련으로서의 의미 외에도 정신을 맑게 하고 집중력을 기르며, 신체 에너지를 활성화시키는 큰 효과를 볼 수 있다. 또한 팀원들이 함께 박자에 맞추어 실시하면 각자의 에너지가 하나로 모이는 것을 느끼게 될 것이다. 이 훈련은 작품 연습 과정에도 연습의 시작 시점에 실시하면 좋다.

기본 운동

① 다리를 어깨 너비만큼 벌리고 시선은 정면을 바라본다.

② 아랫배에 손을 얹고 내 안의 호흡을 전부 '후~' 하는 소리
와 함께 가볍게 내뱉는다.

③ 팔꿈치를 굽히고 가볍게 쥔 주먹이 서로 마주보게 들고 옆
으로 교차시켜 당기며 숨을 들이마신다.

④ 팔꿈치가 손과 수평을 이루게 된다.

⑤ 팔을 가슴쪽으로 당기며 숨을 들이마신다. (이때, 다리는 구
부리기)

⑥ 다시 등쪽으로 밀어내며 숨을 내쉰다. (다리 펴기)

⑦ 아래와 같이 숨을 들이마시고, 내뱉는다. (흠! 하! 흠! 하!~~)

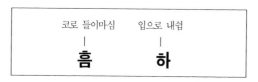

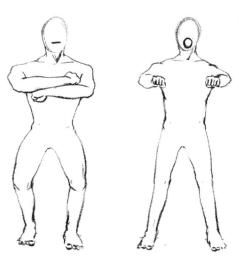

◁ 훈련

① 정면을 보며 기본 운동을 8번 반복한다.
  (가슴을 수축시킴으로써 늑간근을 활성화시켜 호흡을 강화
  한다.)

② 하체는 고정시키되, 허리만을 오른쪽으로 돌려 기본 운동을
  8번 반복한다.

③ 하체는 고정시키되, 허리만을 왼쪽으로 돌려 기본 운동을 8
  번 반복한다.

④ 허리를 구부려 상체를 밑으로 떨어뜨린 채, 기본 운동을 8
  번 반복한다. (복근을 수축시켜 호흡을 활성화시키는 훈련)

⑤ 오른쪽 팔꿈치가 왼쪽 다리에 닿도록 다리를 올리고, 다시
  왼쪽 팔꿈치가 오른쪽 다리에 닿도록 다리를 올려 가며 기
  본운동을 8번 반복한다.
  (옆구리 근육과 복근을 동시에 수축시키며 호흡을 강화시키
  는 훈련)

⑥ 하체는 고정시킨 채, 상체를 뒤로 젖혀, 기본 운동을 8번
  반복한다.
  (배근에 장애를 주어 호흡을 방해함으로써 오히려 강화시키
  는 훈련)

⑦ ①에서 ⑥까지의 운동을 3번 반복하고, 정면을 보며 운동하
  는 것으로 끝낸다.

⑧ 위의 운동이 어느 정도 익숙해지면, ①에서 ⑥까지의 운동
  을 3번째 반복할 때는 아래와 같은 호흡으로 훈련해 보자.

코로 들이마심	입으로 내쉼	입으로 들이마심	입으로 내쉼
흠	**하**	**하**	**하**

세 번째 훈련 단계
'호흡 에쮸드' 만들기

일상생활 속에서 인간은 무의식 중에 끊임없이 호흡한다. 감정적으로 커다란 흔들림이 있거나 놀람의 순간, 무언가를 향한 일시적 집중이 순간적으로 호흡을 멈추게 하는 경우도 있으나, 이것 역시 엄밀히 말하면 호흡을 머금는 순간이며, 다른 호흡으로 전환을 위한 휴지인 경우가 대부분이다.

우리가 스스로 어떠한 정서를 느끼거나 받아들이고, 혹은 발산하고 있는지 의식하지 못하는 순간에도 우리의 들숨과 날숨은 공포, 안도감, 불편함, 반가움, 어색함, 흥분, 불안, 걱정, 환희, 실망 등의 정서적 미묘한 변화를 감지하고 낱낱이 호흡에 담아내고 있다.

호흡의 심리·신체적 연결은 배우가 소리를 만들어 내는데 가장 본질적이고 기초적인 부분이라 할 수 있다.

호흡과 발성의 훈련과정에서 이러한 심리적인 요소들이 배우의 신체적 훈련들과 소통하지 못할 때 아무런 감흥을 지니지 않은 기계적이고 볼륨만 커다란 죽어 있는 소리를 만들어 내고, 이것이 습관화되었을 때 배우는 내면의 어떠한 심리적 참여와 감수성도 불러일으키지 못하는 죽어 있는 배우로서의 운명을 받아들여야 하며 그 딜레마를 극복해 내는 데 많은 시간이 허비될 것이다.

이러한 경우는 소리가 좋지 않은 배우보다는 선천적으로 좋은 소리를 가지고 있는 배우들이 오히려 빠지기 쉬운 함정이다. 선천적으로 발성이 그리 좋지 않은 경우는 내면의 정서를 도구로 출발하므로 오히려 서서히 발전을 경험하기도 하는 것이다.

몸으로 겪어내는 신체적인 일상과 의식의 흐름 속에 정신적인 삶 사이에는 불가분의 관계가 존재하며, 때문에 내면의 심리와 외형적 인간행동(음성)을 따로 구분지울 수는 없다. **그러므로 호흡을 훈련한다는 것은, 배우의 몸과 정서가 함께 살아 쉼쉬는 하모니를 만들어 내는 과정이다.** 발성기관과 감성기관은 동시에 훈련 되어져야 하며, 내적인 욕구와 정서를 충동으로 근육활동의 자극제로 이용할 수 있는 시스템을 각자의 몸속에서 창조해 내야 한다. 이렇듯 호흡으로 발화되는 소리를 만드는 신체적 기관과 호흡의 충동을 만들어 내는 정서 사이의 균형을 찾아내고 만들어 가야 하는 것이다.

이제 창조적인 정서를 적극적으로 끌어내어 잠재의식을 일깨우는 '즉흥'으로 출발하여 '제시된 상황'을 창조하고, 그 상황 속에서 '사건'과 '평가' '행동' 등을 체험하는 연기 훈련 도구로서 '에쭈드'를 활용해 보자. 또한 그 과정 속에서 잠재의식 속의 진실한 정서를 소리와 호흡을 연결하는 심리·신체적 호흡훈련을 체험해 본다.

1. '에쮸드'란 무엇인가?

'에쮸드'란 일반적으로 연습 교본이란 뜻으로도 통용되어지며, 그림의 밑그림을 말하기도 하고 짧은 문학작품을 지칭하기도 한다. 또한 그러나 그 자체로서 하나의 작품으로 존재 가능한 형식이다.

연기 훈련에서 '에쮸드'란 각자가 창조의 주체가 되어 구체적이며 극적인 '제시된 상황'을 설정한 후, '사건'을 발생시켜 '등장인물' 간의 '갈등'을 만들고 끊임없는 '상호교류'를 이끌어 내고, 그 '사건'에 대한 '평가'를 거쳐 전혀 새로운 '리듬과 템포'를 만들어 내고, 새로운 제시된 상황으로 결론지어지도록 구성하는, '잘 짜여진 즉흥극'이라고 할 수 있다.

즉, 배우의 심리 신체적 행동을 의식적으로 자극하여 잠재의식 속의 창조의 세계로 다가서며, 아무런 장애 없이 자연스럽게 내면의 정서를 불러내오고, 이것을 지속적으로 유지시키며, 나의 생각과 의식을 원하는 방향으로 흘러가도록 유도하는 방법이 바로 '에쮸드'인 것이다.

〈예시〉

'만약에 내가 일생 일대의 중요한 시험을 앞두고 자명종 고장으로 늦게 일어났다면 어떻게 할 것인가'

창조의 주체는 나(I am)다. 스타니슬랍스키의 메소드에 의해 '만약에 내가, ~이러한 상황에 놓인다면'을 가정한다. 초보자의 경우, 자신이 일상에 경험한 상황이나 사건을 설정한다.

위의 상황을 두고 구체적인 **'제시된 상황'**을 설정해 보자.

① 나는 누구인가?

　　· 대학생이라고 설정하자.

② 그렇다면, 어떠한 구체적인 현실 속의 대학생인가?

　　집은 시골이고 서울에서 자취하며 학교를 다닌다.

　　학비를 벌기 위해 어제도 어느 호프집에서 아르바이트를 했다.

　　· 몇 시 까지 아르바이트를 했는가?, 피곤한가?

　　　(만약 새벽까지 일을 해서 무척 피곤한 상태로 잠이 들었
　　　다면?)

　　· 그렇다면 오늘 보는 시험은 어떤 시험인가?

　　· 오늘의 시험을 pass해야 장학금을 받아 다음 학기를 등
　　　록할 수 있다면?

③ 학교에서 집은 얼마나 먼가?

④ 택시를 타면 늦지 않는가? 아니면 아예 늦어버렸는가? (택
　　시를 타면 늦지 않을 수도 있다면?)

⑤ 택시비는 있는가? 만약에 버스비밖에 돈이 없다면?

⑥ 자명종은 왜 울리지 않았는가?

⑦ 계절은 언제인가? 겨울인가? 추운가? 아님 한여름인가? (만
　　약 여름이라면 '덥다'라는 '자감'을 이용해 '사건'에 흥미를
　　더할 수 있다.)

⑧ 자명종이 안 울렸는데 어떻게 일어났는가?

　위와 같이 '제시된 상황'과 연관된 수천 수만 가지의 질문을 할
수 있다. 또한 '제시된 상황'의 설정에 따라 **사건**(자명종 고장으로
늦게 일어난 사건)에 대한 **평가**도 수천 수만 가지로 달라질 것이
다. 그렇다면 '만약에 나라면' 위의 '제시된 상황'에서 '사건'을 어떻
게 받아들일 것인가? 즉, 어떠한 '평가'를 내릴 것인가? '제시된 상

황'에 따라 '평가'는 다음과 같이 달라질 것이다.

   ① 어떻게 해서든지 택시비를 구해 늦더라도 최대한 빨리 시
      험장에 간다.

   ② 너무 늦을지도 모르나 일단 학교로 버스를 타고라도 가려
      고 결심한다.

   ③ 너무 늦었으니 가지 않기로 결정하고 낙심해 할 것이다.

   위와 마찬가지로 많은 평가가 있을 수 있다. 만약 그중 ①번의 경
우 가까이 사는 친구에게 전화를 해서 택시비를 구하기로 했다면, 그
러한 '평가' 다음에 있을 수 있는 **'행동'**은 무엇인가?

    '에쭈드' 수행과정에서 '제시된 상황'에 의해 사건을 '평가'
    하는 배우의 행동은 설득력 있는 관통성을 지니고 있어야
    하는데 이것이 '논리와 일관성'이다.
    '논리와 일관성'이 유지될 때 배우는 명확한 목표를 지향하
    게 되고 행동의 타당성이 생기며, 다음 행동의 동기를 제공
    받을 수 있다.

   ① 제일 가깝게 사는 친구는 누구인가 생각한다.

   ② 만약 그 친구와 최근에 좀 서먹해졌다면 전화를 걸 것인가?
      말 것인가 **'갈등'**하게 될 것이다.

   ③ 망설이다가 결심하고 그 친구에게 전화한다.

   그런데 만약에 그 친구가 전화를 받지 않는다면? 즉 **'장애'**가 발
생했다면? 빈손으로 문을 여는 것보다 물건을 많이 들고 문을 여는

것이 더 흥미롭듯이 '장애' 요소를 만듦으로 '사건'을 극대화하고 '갈등'을 탄생시킴으로 드라마를 풍요롭게 이끈다.

그렇다면 '논리와 일관성'에 의거하여 다음 행동을 유추할 수 있다.

① 시간을 확인하고 다른 친구를 생각해 본다.
② 지갑을 다시 확인한다. 만약, 이때 다른 친구도 없고, 돈도 없다면?

다시 '평가'한다.

① 늦게라도 버스를 타고 갈 것인가, 말 것인가?
② 만약 교수님이 너그러워 늦게라도 들여보내 줄 가능성이 있다면 핑계를 찾는다.
 • 교통사고로 늦었다고 꾸며댈 셈으로 이마에 응급처치 한 것처럼 꾸미고 늦었지만 집을 나선다.

'어떻게 하든 시험을 치뤄야 하는' 배우의 목표는 의식적인 것이나 그것을 수행하는 것은 잠재의식의 충동에 의해서이다. 그리고 이두 가지 영역을 넘나들 수 있는 것이 **즉흥**이라는 기술이다.

즉, 연기자는 목표의 수행을 위해 교통사고로 꾸며대고 교수님의 인정에 호소할 핑계거리를 찾아내는 '즉흥'을 만들어 낸 것이다.

이성적 해석에 의해 행위를 찾고 수행하지만 그 과정 속에 나타나는 창조적 충동은 잠재의식 속에서 '즉흥'을 탄생시킨다.

살펴본 바와 같이 '에쮸드'란 자신이 창조의 주체가 되어 '제시된

상황'을 설정하고 '사건'을 만들어 '평가'하고 그에 따른 '행동'을 창
조하고, 그 과정 안에서 '즉흥'을 바탕으로 '갈등' '장애' '내면독백'
등의 연기술을 익히는 유기적인 훈련도구이다. 허나 이렇듯 간단히
과학적인 창조 시스템을 갖춘 '에쮸드'를 설명한다는 것은 불가능하
다. 단지 '호흡 에쮸드'로의 활용을 위한 전제임을 잊지 말자.

2. '동물 에쮸드' – 개와 고양이

이제 '에쮸드'를 이용해 호흡 훈련을 해 보자.

인간은 직립보행을 시작하면서 척추에 무리를 주게 되면서 복식보다는 흉식 호흡을 하게 되었다. 하지만 개와 고양이 같은 동물의 경우 네발로 땅을 짚고 걸으면서 호흡이 하복부 아래(단전)까지 깊숙하게 내려오고 등의 근육을 적극적으로 사용할 수 있는 자세를 지니게 되고 후두와 턱 연구개의 개방이 용이하다. 우리는 우리 주변에서 쉽게 관찰할 수 있는 개와 고양이가 되어 움직이며 그 호흡을 체험해 보자.

◀ '에쮸드' 1

① 우선 개의 포즈를 흉내낸다. 네 다리로 땅을 짚고 입을 개방하되 턱은 긴장하지 않고 아래로 떨어뜨린 상태에서 후두까지 기관이 개방되어 있다고 느낀다.
무더운 여름 개는 더위에 지쳐 헐떡거린다. '허어~ 허어~ 허어~ 허어~'

　자신의 신체 조건과 비슷한 견종을 선택한다. 몸집이 작고, 소리가 톤이 높은 편이라면 작은 강아지(치와와나 푸들) 등을 선택한다. 그러나 근육이 많고 덩치가 크고 낮은 음역을 가졌다면 작은 강아지보다는 세퍼트처럼 큰 개로 설정하자. 대부분의 경우 여자는 작은 강아지를 남자는 진돗개나 세퍼드, 리트리버 등의 큰 개를 선택한다.

② 자신이 정말로 개가 되었다는 자감을 가지고 허어~ 허어~
허어~ 쉬지 않고 움직인다. 혀는 개방된 턱 사이로 삐죽이 나
와 편안히 이완되어 있다.

각 기관의 느낌을 인식해 본다. 하복부와 등의 근육이 매우 역
동적으로 움직이는 것을 느낄 수 있다. 호흡은 하단전으로 깊
이 내려가고 골반이 확장되는 기분을 관찰한다.

③ 어느새 더위가 극에 달하고 나는 호흡이 점점 가빠지고 지쳐간
다. 지쳐갈수록 호흡은 어깨와 가슴으로 올라오며 극도의 피로
감을 상상하면 코끝으로 호흡이 모이는 것을 경험할 것이다.

④ 시원한 빗줄기가 갑자기 쏟아진다. 나는 '비'라는 새로운 '사
건'으로 나의 정서가 변화되고 나의 호흡이 다르게 움직이는
것을 체험한다.

나의 호흡은 시원함과 기분 좋음으로 바뀌어가고 더위가 사라
짐에 따라 호흡이 안정되고 깊어지며 빗속을 향해 달리며 기
쁨이 극도로 치닫는다.

아까처럼 다시 호흡이 빨라지고 거칠어지나 ③번의 그것과는
전혀 다른 기분을 느낄 것이다.

◀ '에쮸드' 2

조금 더 구체적 상황을 통해 훈련해 보도록 하자.

> 너무나 배고픈 개가 먹을 것을 찾으러 길거리를 방황한다. 어느 집 현관문 앞에 맛있게 생긴 사과가 떨어져 있다. 그것을 보고 잽싸게 달려가서 사과를 먹으려고 하는데 사과가 현관문 밑에 좁은 틈으로 굴러들어간다. 그것을 빼내 먹기 위해 안간힘을 써보다가 안간힘을 쓸수록 더욱 깊게 들어가 버리는 사과에 화가 난다.

위와 같이 '제시된 상황'과 '사건'을 설정했다면 자신이 배고픈 개가 되어 상황을 체험해 보자.

① 지칠 대로 지치고 허기가 진 나는(개) 먹을 것을 찾아 헤맨다. 개의 호흡을 한 순간도 멈추지 않는다. '허어~ 허어~ 허어~ 허어~ 허어~허어~'

> 이러한 호흡을 계속 유지하다보면 현기증이 나고 때론 약간의 구토 증세가 올 수도 있으나 자연스러운 현상이 므로 계속 훈련해도 괜찮다.

허기 지고 지친 나는 어떠한 충동이 일어나며, 그에 따라 나의 호흡은 어떻게 변화되는지 관찰한다.

다리는 무겁고, 입안이 마르고, 걷기도 힘들다. 그때 사과를 발견한다. 사과를 발견하는 순간 나에게 반가움이 일 것이고 그것이 나의 몸에 어떠한 영향을 미치는지 관찰한다. 사과를 보는 순간 침이 바로 고이고 너무나 먹고 싶은 나머지 입에서 침이 질질 흘러내린다.

② 호흡은 사과를 먹고 싶은 욕구에 의해 활기를 찾을 것이다.
　'헤~헤~헤~헤~헤~~헤~헤~헤~~~~'
　하지만 달려가서 사과를 먹으려고 하는데 순간 사과가 현
　관문 안쪽으로 굴러 들어간다.
　나는 순간 너무 놀란다. 그리고 꺼내 보려고 안간힘을 쓴
　다.

③ 이때 자연스러운 신음 소리를 내어 본다. 한숨은 하복부 깊
　은 곳에서 안타까움이라는 충동으로 생산되어 따뜻한 호흡
　을 입술 끝으로 내뿜을 것이다.
　사과를 꺼내기 위해 안간힘을 써보기도 하지만 결국 사과
　는 더욱 안으로 들어간다. 나는 현관문을 부수고 싶은 심정
　이다. 너무나 속상하고 낙심한 나는 문이 미워진다. 문이
　너무 야속해진다. 문이 부서져라 노려보면서 짖어대고 점점
　거칠게 현관문과 싸운다.

④ 분노의 정서가 탄생되어지고 나의 호흡과 기관은 심하게
　요동치며 흔들리고, 신음 소리는 자연스럽게 짖는 소리로
　바뀔 것이다. 이때 용기를 내어 자신 있게 짖어 본다. 그
　소리가 개 소리와 닮아 있지 않았다고 주저할 필요 없다.
　자신의 정서를 실어내 소리로 내뿜어 보자.

　단 분노의 감정이 가져온 긴장이 호흡 기관을 압박해 소리를 잡지
않도록 노력해 본다. 즉, 강렬한 감정에 대한 반응으로 긴장을 만드
는 신경과 근육의 반응을 없애, 감정 분출에 대한 신경-근육 반응을
재조정하는 것이다. 다시 말해서 신체적 긴장 없이 정신적인 강렬한
감정을 표현해야하는 것이다.

고양이

> 나는 주인을 몹시 사랑하는 고양이이다. 주인이 출근할 때부터 주
> 인이 돌아오기를 기다린다. 주인이 올 시간이 다 되었다. 현관문 밖
> 에서 인기척이 들려 현관문으로 나가보았는데, 주인이 아니라 우유
> 배달 아줌마이다. 주인이 오기만을 목 빠지게 기다리고 있는데. 이
> 번에는 진짜 주인이 온다. 나는 너무 좋아 주인을 마중하러 나간다.

① 자신의 신체가 고양이처럼 매우 유연하고 민첩하다고 상상
한다.

고양이처럼 신음 소리를 내본다. '미야~~ 미야~ ~~~'
하복부 깊은 곳에서 주인에 대한 그리움을 담아서 신음한
다. 연속해서 멈추지 않는다. 걸어 다니면서 신음해 본다.
주변의 소리에 귀를 기울이며 주인의 기척이 나는지 청각
을 곤두세우고 들으며, 정서의 변화에 따라 '미야~ ~~
미이이야~~~~ 미야야야야~~~~ 미야야야야야~~~~
~~~~~~' 소리내 본다. 구체적인 '내면독백(subtext)'을

지니고 신음해 보자. 때로는 주인을 부르는 것처럼, 때로는 돌아오지 않는 주인에 대한 원망을 실어, 때로는 빨리 돌아오라고 애원해본다.

주인의 인기척이 들리자 빠르게 등을 곧추세우고 반가움에 소리를 낸다(고양이의 전형적인 자세) 이때 등의 근육이 적극적으로 진동하며 소리를 생성해 내는 것을 느껴본다.

② 주인이 아니라는 것을 안 순간 곧추세운 등이 원위치로 돌아오며 실망하여 바닥에 엎드려 신음한다.

호흡이 등에서 흉강과 복근으로 옮겨가 소리의 색깔이 달라지는 것이 느껴지는가?

물론 실제로 호흡이 옮겨가는 것은 아니다. 정서적 충동과 그에 따른 신체의 변화에 따라 소리가 달라지는 것이다.

③ 주인이 돌아오기를 더욱 간절히 기다리며, 주인이 맛있는 것을 사가지고 돌아오는 기분 좋은 상상을 해 보자. 자신의 호흡이 어떻게 변화하는지 의식해 보자.

④ 문소리가 나자 순간적으로 호흡이 멎고, 주인이라는 것을 확인하자 호흡이 요동친다.

주인의 손에는 자신을 위한 사료가 들려있고, 나는 주인에게 애교를 피우며 주인의 몸을 감는다.

주인에 대한 애정의 표현으로 나의 호흡은 깊어지고 소리는 더욱 풍요로워진다.

 상상력을 발휘하여 재미있게 창조하여 보고 서로서로 토론하며 평가해 본다.

상황을 체험하면서 생겨난 정서에 따른 호흡을 끊임없이 확장해서 훈련해 보아야 한다.

우리는 고양이와 개의 자감을 느끼고 실제로 그 동물의 호흡을 흉내내고, 쉬지 않고 호흡함으로써 복근, 흉근, 등의 근육 등을 훈련하였다. 또한 '에쭈드'를 이용해 정서적인 참여가 두드러지는 상황 속에 우리를 던져 놓음으로써 심리의 변화에 따른 호흡의 변화를 관찰하고 경험할 수 있었다.

3. '사물 에쮸드' – 바람과 나무, 진공청소기

바람과 나무

나무

한 사람이 나와서 나무가 된다.

과연 어디에 있는 무슨 나무일까? 자유롭게 상상해 본다.

나는 들판에 외롭게 서 있는 나무다. 가지는 앙상하나 나는 부끄럽지 않다. 태양을 향해 팔을 벌리고 꼿꼿이 서 있다. 나는 친구를 기다린다. 함께 마음을 나눌 친구가 그립다.

'허어~~~~' 하고 호흡해 본다. 멈추지 않고 쉬지 않고 호흡한다. '허어~~ 허어~~~ 허어~~' 나는 발밑에 뿌리가 있으며 난 뿌리를 통해 호흡한다. 몸뚱이는 곧고 바르며 가지들은 바람에 자유롭게 진동한다. 나의 목은 열매가 되어 몸통에 매달려 있다.

뿌리를 통해 호흡하며, 바람에 의해 자유롭게 진동하고, 호흡의 진동이 만드는 소리를 멈추지 말자. 한순간도 끊임없이 적극적으로 호흡할 수 있어야 한다.

바람 1

나는 어떤 바람인가?

나는 멀리서 낯선 이곳에 왔다. 난 모험을 즐긴다. 새로운 풍경에 호기심이 가득하다.

바람은 온몸이 새털처럼 자유롭다고 상상하자. 나의 근육과 근육 사이 관절과 관절 사이는 호흡을 머금고 있고, 나의 하복부에 공기 저장 탱크는 아주 커서 나는 자유롭게 날아다닌다. '스ㅇㅇㅇㅇㅇ~~~~~~~' 하고 길게 소리 내 본다. 쉬지 않고 호흡하며 공간을 가른다. '스ㅇㅇㅇㅇㅇㅇ~~~~~~~~' 움직임의 속도를 달리하고 템포도 변화시키고, 그에 따라 바람의 세기도 변화시켜 보자.

바람이 들판에 도착하고 나무와 바람은 만난다. 바람은 나무를 호기심 있게 관찰하며 주변을 떠돈다. 정서와 생각에 따라 '스ㅇ~~~~ 스ㅇ~~~~~ ㅇ~~~' 소리를 멈추지 않는다.

나무는 바람에 반응한다. 바람이 움직이는 대로 흔들리며, '허어~~~~ 허어어어어~~허어~~' 하고 쉬지 않고 호흡한다. 나무와 바람은 처음에는 경계하나 호감을 느끼고 장난도 치고 재밌게 놀이를 즐긴다. 나무와 바람은 서로의 에너지와 교류하고 정서에 따라 몸과 호흡이 달라지는 것을 느낀다.

바람 2

이 바람은 거칠고, 파괴적이다. 폭풍같은 바람이다.
'즈ㅇ~~~ ~~' 또는 '르ㅇ~~~~'로 호흡한다.
두 사람의 우정을 질투해서 점점 세찬 바람으로 돌변해 나무의 뿌리를 뽑아 버린다. '즈ㅇ~~~~ 르ㅇ~~~~' 바람 1은 저항하나 강력한 바람에 굴복하고 사그라진다.

이 '에쭈드'는 상상력을 최대한 확장하여 제시된 상황을 설정하고 아이처럼 그 상황을 믿고 즐겨야 한다.
위의 훈련은 하나의 예시일 뿐이고 창조력을 발휘하여 어떠한 상상도 이끌어 낼 수 있다.
소리가 없는 사물도 소리를 창조하여 훈련할 수 있다. 에프

킬라와 모기, 고장난 오토바이 등 무궁무진하다.

진공청소기

① 나는 진공청소기가 된다.

　　1단 - '스~~~'라고 가정한다.

　　2단 - '즈~~~~'라고 가정한다.

　　3단 - '르~~~~~'라고 가정한다.

　　그리고, 친구들은 먼지가 된다.

② ・진공청소기인 나는 먼지를 다 빨아들여 청소를 해야 하고 주
　　변은 먼지로 지저분하다.

　　・먼지들은 각자 자신의 성격을 정한다. 쉽게 빨려 들어가는
　　먼지, 오래된 찌든 먼지, 가구에 바짝 붙어 움직이기 싫어하
　　는 먼지 등이 된다는 설정을 한다. (제시된 상황)

③ 청소를 시작한다. 먼지를 하나하나 청소기로 빨아들인다.

④ 묵은 먼지 때문에 과도하게 힘을 써서 청소기가 고장이 났다.
　　(사건)

⑤ 옆집에 가서 정말 강력한 청소기를 빌려와 청소를 마친다. 이
　　때, 청소기의 강력한 면을 보여주기 위해 두 사람이 연기할 수
　　도 있을 것이다.

4. 텍스트를 이용한 '호흡 에쭈드'
– 희곡의 한 장면을 '호흡 에쭈드'로 창조하기

희곡의 한 장면을 '호흡 에쭈드'로 창조 하는 훈련은 작품 연습 과정 안에서 연기자가 등장인물의 내면의 심리를 찾아내고 그것을 심리적 행동으로 표현하는 매우 효과적인 훈련이다. 대사를 배제한 채 호흡만으로 연기함으로써 좀 더 내밀한 충동에 의하여 직각적이고 진실한 감정을 일깨우고, 그것을 동적인 행동으로 표현하여 구체적 동선을 창조할 수 있는 모티브를 제공한다.

각 인물은 자신의 의지를 호흡의 진동에 의해서 표현한다. 신체-심리적인 동작과 반응하면서 호흡은 그 리듬과 템포를 달리하고 강약을 달리하며, 멈추고, 튕겨 오르며, 하복부 밑에서는 부글거리며, 때론 행복감으로 늑간근이 확장하고, 진동하며, 순환한다. 나의 호흡의 진동은 상대의 호흡에 의해 이끌어지기도 하며, 차단되고, 도망간다.

또한 이러한 훈련 이후 호흡의 진동 대신에 대사를 실어주면 내적으로는 대사의 정서적 의지가 훨씬 강렬해지고 외형적으로는 대사의 전달력이 크게 개선되는 것을 체험할 수 있다.

▛ 포레스트 힐즈에서 온 방문객 ▜

다음은 닐 사이먼의 <플라자 스위트 호텔> 중 3막 - 「포레스트힐즈에서 온 방문객」 - 에 해당하는 장면을 토대로 대사를 완전히 배제하고 '제시된 상황'과 '사건'을 선택하고 '내면독백'과 '행동'을 주재료로 배우들이 호흡의 진동만으로 연기하도록 '호흡 에쭈드'로' 재창조한 것이다.

각자의 캐릭터에 맞는 호흡의 진동을 설정한다.

딸은 '크스~~~'로, 엄마는 '스으~~~~로', 사위는 '허어~~~'로 정한다.

> 딸의 목표   : 어떻게 해서든 엄마의 고집을 꺾어 결혼하지 않는다.
> 엄마의 목표 : 수단과 방법을 가리지 않고서라도 딸을 결혼시킨다.

원래 텍스트에서 딸은 화장실에서 문을 잠그고 나오지 않고 엄마는 남편과 함께 화장실 밖에서 딸을 끊임없이 설득하려고 한다.

이러한 텍스트를 모티브로 딸과 엄마의 목표를 더욱 극명하게 하고 정서를 적극적으로 끌어내기 위해 다음과 같은 '제시된 상황'을 설정해 '에쭈드'를 실행해 보도록 하자.

◀ 상황 설정

딸은 결혼이 너무나 하기 싫다. 결혼상대자가 너무 지저분하고, 얼굴도 못생겼기 때문이다. 엄마는 집안끼리 약속한 결혼이므로 어떻게든 그 결혼을 성사시키려고 한다. 딸과 엄마는 신부 대기실에 들어온다. 딸은 몇 번이고 대기실을 탈출하려고 하지만 그때마다 엄마에게 들키고 만다. 잠시 후 예비사위가 들어온다. 수줍은 많은 사위는 그저 결혼하는 것이 즐겁고 신부가 너무 아름답기만 해 제대로 얼굴도 못 보고 혼자 좋아하며 서 있다. 엄마는 사위를 딸 옆에 앉힌다. 하지만 딸은 땀냄새가 가득하고 못생긴 사위가 맘에 들지 않는다. 엄마는 딸과 사위가 한자리에 나란히 앉아 있는 모습을 보고 너무 감사하여 주님께 기도를 드린다. 그 사이 딸은 엄마가 기도하는 틈을 타 방에서 나가버린다. 사위는 딸이 나가는 지도 모르고 나가는 딸에게 꾸뻑 인사를 한다. 장모가 자신들을 위해 자리를 잽싸게 비켜준 것으로 여긴 것이다. 엄마는 딸이 도망치고 어떻게 해야할 지를 모른다. 어쨌든 사위에게 실망감을 주지 않기 위해 무작정 사위 옆에 앉는다. 사위가 장모님도 없겠다 이제 자신 있게 딸의 얼굴을 보려고 한다. 손이라도 잡아보려고 한다. 그런데 웬걸… 딸은 없고 늙은 장모가 앉아 있다니… 사위는 너무 놀라 방을 나가버리고 상황을 해명하려고 엄마는 사위를 따라 나간다.

◀ '호흡 에쭈드' 텍스트

딸과 엄마가 신부대기실 문 앞에서 서로 실랑이를 벌인다.

엄마 (딸을 신부 대기실 안으로 들어오게 하기 위해 안간힘을 쓴다.)

즈으~~ 즈! 즈! 즈!

(딸을 세게 잡아당기며)

즈~~으~~~~~~~~!

(마지막 온 힘을 다해서 딸의 팔을 잡아당기고 동시에 강하고 길게 호흡을 내뱉는다.)

Subtext : 너(딸)는 오늘 꼭 결혼을 해야 해! 결혼식 당 일날 와서 결혼을 안하겠다는 게 말이 돼?! 당 장 들어와 어딜 도망치려 그래~!!

딸 (신부 대기실 쪽으로 잡아당기는 엄마의 힘에 대항하여 신부 대 기실로 들어가지 않으려고 버티고 있다.) 크스~~~ 크스 ~~~

(엄마의 호흡에 대항하여 자신의 호흡을 강하게 밀어낸다.)

Subtext : 죽어도 결혼은 안해요!! 제발! 엄마! 나 결혼

하기 싫어요!!

결국 딸은 엄마의 힘에 밀려 대기실 안으로 들어와 의자에 앉게 된다.

딸 (결국 엄마의 힘에 밀려) 크스! 크스! 크스!크스!크스!
(엄마의 강한 힘과 함께 나오는 즈으~~~의 호흡에 밀려 힘에 부친 듯 짧게 내뱉는다.)
(불만에 찬 시선으로 엄마를 쳐다본다.) 크스~~~~~~~~~
~~ 크스~~~~~~~~~~~~~~~~
(원망의 정서를 실어서 길게 진동한다.)
Subtext : 때려 죽어도 결혼 못해!! 말도 안돼!! 이게 무
슨 결혼이고, 이게 무슨 엄마야!!

엄마 (딸과 문 앞에서 실랑이를 벌인 것이 힘이 벅찼는지 다리와 어깨 등을 주무르고 있다.) 즈으~~~~ 즈으~~~~~ (아픔 을 실어서 심호흡하고 한숨쉰다.)
Subtext : 아이고 허리야~~ 저놈의 기집애가 사람하나 잡겠네 아이고 무릎아~!!

딸 (엄마가 자신의 몸을 주무르고 있는 것을 틈타 도망치려고 한다.)
크스~~~ 크스~~~ (엄마를 살펴며)
크스! 크스! 크스!크스!크스!
(눈치를 보며 문 쪽으로 작고 짧은 호흡을 내뱉는다.)
Subtext : 엄마가 나를 보고 있지 않은 틈을 타서 몰래

나가야겠다.

딸은 호흡을 작게 내며 엄마 몰래 도망치려고 자리에서 일어선다.

엄마 (딸이 도망치려는 것을 발견한다.) 즈! (놀랄 때 소리치듯이 짧고 강하게 호흡을 내뱉는다.)

(딸이 도망가지 못하도록 대기실 문쪽으로 가서 딸을 막아낸다.)

즈~흐~~! 즈 흐흐흐흐흐~~! 즈흐~~~

(놀리듯 코바람을 섞어 호흡한다.)

Subtext : 이 기지배가! 어딜 도망가!! 안돼!

딸 (엄마가 자신을 막자 엄마에게 잡히지 않기 위해서 방안을 왔다 갔다하며 도망친다.) 크! 크! 크! 크! 크! 크! 크! 크! 크!크! 크! 크! 크! 크! 크! 크! 크! 크!크! 크! 크!

(1/2박자의 리듬으로 도망치겠다는 의지만큼 강하고 짧게 진동한다.)

딸과 엄마는 거리를 두고 서로 정지한 자세로 경계 태세를 취하고 있다.

딸 (순간적으로 오른쪽으로 뛰어서 대기실 문 쪽으로 가려고 한다.)

크스~~! (짧게 강하게)

엄마 (딸의 순간적인 움직임의 방향을 본능적으로 알아채고 딸의 오른쪽 방향으로 막아선다.)

즈흐~~ 즈흐즈흐ㅇㅇㅇㅇㅇㅇㅇ~~~~

(딸이 내뱉은 세기보다 더 강하고 길게 내뱉는다.)

딸과 엄마는 이런 식으로 오른쪽, 왼쪽, 오른쪽으로 움직인다. 결국 엄마가 문 앞을 막아선다.

엄마 (딸이 못나가게 방문 앞에 버티고 서있다.) 즈으~!!~ 즈으~~!! (단호하고 강하게 호흡을 내뱉는다.)

Subtext : 어딜 도망가!! 당장 제자리에 앉아!! 당장!!

딸 (엄마에게 빈다.) 크스~~~~~~~~ 크스~~~~~~ 허우~ ~~~~~~ (애절하게 신음하며 한숨쉰다)

Subtext : 엄마 제발~~ 엄마 제발~~

엄마 즈으!! (소파를 가르키며 소피를 향해 내뿜는다.)

Subtext : 당장 제자리에 앉아!!

딸 (엄마 앞에서 무릎을 꿇는다.) 으흠~~~~즈으~~~~~으흠~~ (간절한 눈빛을 엄마에게 보내며)

Subtext : 엄마 제발, 제발 한번만 저 좀 봐주세요!

엄마 즈으!! (다시 소파를 보며 내뿜는다.)

Subtext : 당장 앉아!!

딸 (어쩔수 없이 자리로 돌아간다.) 크스! 크스! 크스! 크스! 크스! 크스! 크스! 크스! 크스 (불규칙적인 호흡으로 투덜거리듯이)

Subtext : 으~~ 내 팔자야!! 짜증나!!!

엄마 (딸을 제자리에 앉히고, 바닥에 떨어진 면사포를 다시 씌워 준다.)

즈으~~즈으~~ 즈의 즈의

(달래듯 부드럽게)

Subtext : 얌전히 있어… 웃어!!

딸 (억지로 미소짓는 척한다.) 크~~스~~~

(이를 꽉 깨물고 입 모양만 크스를 하면서 강하게 내뱉는다.)

Subtext : (억지로!) 김!~~ 치!

그때 누군가 노크를 한다.

엄마 (사위가 왔음을 알고 호흡을 가다듬으며 딸에게 웃으라고 한다.)

즈으~~~ 즈으~~~ (심호흡하듯이 내뱉는다.) (딸을 보고)

즈의 (강하게 한 호흡으로 내뱉는다.)

Subtext : 후~~ 후~~~ 침착하게~~ 너 웃어!!

사위가 등장한다. 사위와 엄마는 인사를 한다.

사위 (엄마에게 인사한다.) 허으~~~~, 허으~~~~~허으~~

(설레는 마음으로 불규칙적으로 진동한다.)

Subtext : 결혼한다는 것에 마냥 들뜬 나는 장모님께 인

사를 한다. 안녕하세요~

엄마 (침착하고 반갑게 인사한다.) 즈으~~~~~~~~~~~~~~

(부드럽게 쓰다듬듯)

Subtext : 사위 왔는가~~

딸   (남자를 보기도 싫은 나머지 소파 한구석에 처박혀 남자를 외면
하고 앉아 있다.)

크스~! 크스~! 크스~!크스~! 크스~! 크스~!

Subtext : 짜증나~~ 꼴도 보기 싫어!!!

사위는 신부가 너무 좋고 부끄러운 나머지 차마 제대로 쳐다보지
도 못하고 안으로 들어온다.

그러나 딸은 너무나 바보같은 신랑을 한번 힐끗 째려본다.

사위   (딸의 시선에 너무 놀라 숨이 막힌다.) 허~**억!!** (순간 깜짝 놀
라 호흡이 멈춰질 때의 상태)

엄마   (사위에게) 즈으~~   즈으~~~즈으~~~ (부드럽게 소파쪽으로 호
흡을 밀며) 즈으~~으흐흐흐흐흐흐흐

Subtext : 옆에 가서 앉아~~~ 어서!! (웃는다.)

사위   (벅찬 가슴을 안고 딸에게 조심스럽게 간다.) 허어~~~ 허
어~~~ 허어~~~

(심장이 심하게 뛰기 시작한다. 호흡을 고르고 싶으나 흥분이 가
라앉지 않아 더욱 불규칙해진다. 복근쪽에 의식을 두자.)

Subtext: 너무나 떨려서 어떻게 해야할 지 모르겠다. 마
냥 좋다~~

딸 (다가오는 사위가 너무 싫어 더욱더 소파 구석에 딱 박혀 있다.)
크스! 크스! 크스! (작고 짧게 호흡을 내뱉는다.)
Subtext : 제발 가까이 오지마! 제발! 제발!

사위가 딸 옆에 앉은 걸 보고 엄마는 이제 마음이 한결 놓인 듯
하다. 엄마는 옆에 의자에 앉아 무사히 결혼식이 끝날 수 있길
바라며 기도를 하고 있다.

엄마 즈으~~ (사위와 딸이 있는 모습을 보고 좋은 기분을 호흡에
실어서 허공으로 노래하듯 내뱉는다.)
즈으!! 즈으!! (하늘에 있는 신을 부르듯 부드럽게 진동한다.)
즈으~~~ 즈으~~~~~~~~~~~~~
(조용히 기도하듯이 세기는 약하나, 길이는 길게 내뱉는다.)
Subtext : 아이구~ 보기 좋아라~~ 주여!! 주여!! 부디
　　　　　무사히 예식이 맞춰지길 기도 드립니다~~

딸 (남자가 옆에 앉은 것이 너무 싫어 남자에게 옆으로 가라고 옆구
리를 찌른다.) 크스~~!!
(호흡을 강하게 밀어내듯이 내뱉는다.)
Subtext : 옆으로 오지 좀 마!!

사위 (여자가 자신을 건드리자 여자의 의도도 모른 채 그저 좋아서 죽
는다.) 허어~~~~허~~어~~
(황홀한 느낌을 실어서 호흡을 멀리 내뱉는다.)
(남자는 너무 긴장했는지 땀이 나고 열이 화끈화끈하다. 자신의

상의를 살짝 통풍시킨다.) 허어~~~ 허어~~~ (마치 긴장
한 것을 호흡으로 던져버리고 싶다는 듯이 호흡을 공중으로 내뱉
는다.)

Subtext : 아!~~~~ 좋아~~~ 왜케 화끈거리냐~~
~ 좋아 미치겠다~~~ 아~~ 떨려!!

딸 (남자가 땀과 열을 식히기 위해 통풍을 하자 남자의 땀냄새를 맡
는다.) 크!!크!! 크!! (짧게 호흡한다.)

Subtext: 헉!! 땀냄새~

(남자의 땀냄새에 남자의 반대쪽으로 외면한다. 엄마가 기도하고
있는 것을 발견한다.)

크스~~ 크스~~~크스~~ 크스~~~

(들키지 않게 하기 위해 호흡의 세기는 약하게 그리고 눈치를 살
피며 조심스럽게 내뱉는다.) 크스!크스!크스!크스!크스!크스! (엄마에게
다가간다.) (엄마에게 다가가며, 엄마와 가까워질수록 호흡의 길이
는 짧아진다.) 크~~스!! (엄마에게 면사포를 씌우고 도망친다.)
(에잇! 모르겠다는 심정으로 짧고 빠르고 단호하게 호흡을 내뱉
는다.)

Subtext : 그래 도망가자! 들키면 안돼! 조심! 조심! 제
발!

부끄러운 사위는 바닥만 보고 있다가 딸이 도망가는 것도 모른 채
장모님이 자리를 피해주신 걸로 알고 벌떡 일어나서 장모인줄 알
고 도망치는 딸 쪽을 향해 인사를 한다.

사위 허어~~**허어**~~허어~~**어**~~허어~~허어~~ (불 규칙적으로 가볍게 내뱉는다.)

　　Subtext : 자리 비켜주셔서 감사합니다, 장모님. 안녕히 가세요~

딸과 엄마는 사위가 일어나자 깜짝 놀란다. 딸은 그 자리를 모면 하기 위해 딸은 마치 엄마인 것처럼 뒤도 안돌아보고 손인사만 하고 퇴장한다.

엄마 (딸이 갑작스럽게 도망쳐 버리자 사위와 둘만 남아 있게 된 상황 이 너무나 당황스러워 어찌할 줄 모른다.)

　　<u>즈으</u>~~ <u>즈의</u>!! <u>즈으</u>~~~<u>즈의</u>!! <u>즈으</u>~~ <u>즈의</u>!! <u>즈으</u> ~~~<u>즈의</u>!! (불규칙적으로 작게 뱉어지는 호흡)

　　Subtext : 나가서 딸을 잡아 와야하나~~ 가만히 앉아 있어야 하나!!

사위는 딸과 둘만 있다고 생각하고 박력을 과시하듯 자신있게 자 신의 옆자리를 치며 자신의 옆에 앉으라고 한다.

엄마 (하는 수 없이 사위 옆으로 가서 앉는다.) <u>즈으</u>~~ <u>즈으</u>~~ <u>즈으</u>~~ <u>즈</u>! <u>즈으</u>~~ <u>즈으</u>~~<u>즈으</u>~~

　　Subtext : 어떡하지?! 아~ 모르겠다~ 어떻게 하지?!

사위 (장모의 손을 덥석 잡는다. 너무 좋아서 미칠 지경이다.) 허 ~~~~~~어~~~~~ 　허~~~~~~어~~~~~

(강하고 길게 내뱉는다.)

Subtext : 이게 꿈이야 생시야?! 좋아서 미치겠다~~~

엄마 (사위가 적극적으로 나오는 것에 더 불안하기만 하다.) 즈~~

으~~~ ~~~즈~~~~으~~~~~ (불규칙적 호흡)

Subtext : 큰일이네~~ 뭐라고 말해야하지~~

사위 (부인이 될 사람의 얼굴이 빨리 보고 싶어 면사포를 걷는다.)

허어~~!!!! 허어!!!!

Subtext : 이게 뭐야!

엄마 (놀라 나가버리는 사위를 부른다.) 즈으~~즈!! 즈으~

~~ (강하고 길게 멀리 내뱉는다.)

Subtext : 이보게~~이! 이보게~~

엄마와 사위는 퇴장한다.

위의 Text는 '에쮸드'에 의해 탄생된 장면을 나중에 대본
으로 정리한 것이다.

따라서 그대로 훈련하기보다는 모형으로 활용하는 것이 좋
다. 희곡의 장면을 선택해 위와 같이 '호흡 에쮸드'로 창조
해 보고 호흡과 정서의 유기적인 연결을 경험해 보자.

5. '발음 에쮸드'

어려운 발음이 연결된 문장으로 '에쮸드'를 만들어 보자.

· 어려운 문장이 최대한 많이 반복되도록 상황을 설정한다.
· 갈등이 극대화된 상황으로 발전시키거나 신체적인 격렬한 동작
  을 삽입하여, 격한 감정적인 흔들림 속에서 혹은, 신체적인 장애
  가 있는 상황에서 그것을 극복하고 적절히 호흡과 소리를 운용
  할 수 있는 능력을 기른다.

잘 그린 기린 그림, 못 그린 기린 그림

◉ 제시된 상황

사이가 무척 좋은 미술부 단짝 두 여학생은 둘 다 성격이 좀 다
혈질이다. 두 여학생은 미술실에서 말없이 열심히 그림을 그리고 있
다. 문득 A는 B의 그림을 보고 둘 다 기린 그림을 그리고 있는 것
에 신기해하고 기뻐한다. 두 사람은 각자의 기린 그림을 비교하기 시
작 한다. 은근히 자신들의 그림이 더 낫다고 주장하다가 급기야는 서
로에게 기분이 상하고 심하게 다투고 만다.

이때 나타난 마음이 여리고 여성스러운 선배 남학생은 두 사람의
싸움을 말린다. 그러나 두 사람의 이야기를 듣다가 누구의 편을 들어
야 할지 몰라 입장이 난처해진다. 그래도 화해를 시키기 위해 노력하
나 그 우유부단한 태도에 화가 난 여학생들은 선배 남학생에게 화를
내고 오히려 둘은 화해한다.

◀ '발음 에쭈드' 텍스트

A   (B에게 미소를 보내며 열심히 하라고 손짓으로 파이팅! 한다.)

B   (A에게 초코렛을 건네며 먹고 하라고 눈짓한다.)

A   (시간이 흐르고 A는 기지개를 펴며 몰래 다가와 B의 그림을 본다.) 어! 기린 그림 그려! 나도 기린 그림 그리는데.

B   (놀라며) 어 너도 기린 그림 그려! 나도 기린 그림 그려!

A   (좋아하며 맘이 통했다는 듯) 우린 진짜 친구 맞나보다! 그치!

B   (일어나 A의 그림을 본다. 웃음을 터뜨리며) 니가 그린 그림 기린 그림 맞아? 니가 그린 기린 그림 정말 못 그린 기린 그림이다.

A   (당황하며) 내가 그린 기린 그림이 잘 못 그린 기린 그림이라구?

B   (그래 여전히 크게 웃으며) 그래 니가 그린 기린 그림은 잘 못 그린 기린 그림이고 내가 그린 기린 그림은 잘 그린 기린 그림이야!!

A   그러니까 니말은 니가 그린 기린 그림은 잘 그린 기린 그림이고 내가 그린 기린 그림은 잘 못 그린 기린 그림이라는 거야? 내 생각엔 니가 그린 기린 그림은 잘 못 그린 기린 그림이고 내가 그린 기린 그림이 잘 그린 기린 그림이야.

B   (웃음가 가시며) 니말은 내가 그린 기린 그림이 잘 못 그린 기린 그림이고, 니가 그린 기린 그림이 잘 그린 기린 그림이라구? 내 생각엔 니가 그린 기린 그림은

잘 못 그린 기린 그림이고, 내가 그린 기린 그림이 잘
그린 기린 그림이야.

A (언성이 높아지고 의자를 걷어차며) 니가 그린 기린 그림은
잘 그린 기린 그림이고 내가 그린 기린 그림이 잘 못
그린 기린 그림이 아니라, 내가 그린 기린 그림이 잘
그린 기린 그림이고 니가 그린 기린 그림은 잘 못 그
린 기린 그림이야.

B (기가 막히다는 듯) 니가 그린 기린 그림은 잘 그린 기린
그림이고 내가 그린 기린 그림이 잘 못 그린 기린 그
림이 아니라, 내가 그린 기린 그림이 잘 그린 기린 그
림이고 니가 그린 기린 그림은 잘 못 그린 기린 그림
이야. (때리려는 듯 위협하며) 니가 그린 기린 그림은 그
린 기린 그림이고 내가 그린 기린 그림이 잘 그린 기
린 그림이야.

A (약이 바짝 올라서 코앞에 다가가서) 니가 그린 기린 그림
은 잘 그린 기린 그림이고 내가 그린 기린 그림이 잘
못 그린 기린 그림이 아니라, 내가 그린 기린 그림이
잘 그린 기린 그림이고 니가 그린 기린 그림은 잘 못
그린 기린 그림이야. (더 가까이 다가서서) 니가 그린 기
린 그림은 잘못 그린 기린 그림이고 내가 그린 기린
그림이 잘 그린 기린 그림이야. 너 지금 무슨 소리 하
는 거야?

B (A를 밀치며) 니가 그린 기린 그림은 잘 그린 기린 그
림이고 내가 그린 기린 그림이 잘 못 그린 기린 그림
이 아니라, 내가 그린 기린 그림이 잘 그린 기린 그림

이고 니가 그린 기린 그림은 잘 못 그린 기린 그림이
야 니가 그린 기린 그림은 잘못 그린 기린 그림이고
내가 그린 기린 그림이 잘 그린 기린 그림이야. (넘어진
A를 내려다보며 경멸하듯) 니가 그린 기린 그림은 잘 그
린 기린 그림이고 내가 그린 기린 그림이 잘 못 그린
기린 그림이 아니라, 내가 그린 기린 그림이 잘 그린
기린 그림이고 니가 그린 기린 그림은 잘 못 그린 기
린 그림이야.

지나가던 미술부 선배가 이 장면을 보고 놀라서 달려온다.

C   이게 무슨 일이야! 그만해! (두 사람을 멀리 떨어뜨린다.)
    니들 그림 그리다 말고 이게 뭐하는 짓이야

A   (그림을 보여주며) 누구 그림이 더 잘 그렸어요? 이건 내
    가 그린 기린 그림이고 이건 쟤가 그린 기린 그림 이
    예요. (눈을 똑바로 뜨고 위협적으로) 내가 그린 기린 그림
    은 잘 그린 기린 그림이고 쟤가 그린 기린 그림은 잘
    못 그린 기린 그림이죠?

C   (얼버무리며) 그래 니가 그린 기린 그림이 잘 그린 기린
    그림이고 쟤가 그린 기린 그림은 잘 못 그린 기린 그
    림 같~~아~~~ 야! 싸우지들 마…….

B   (화가 나서 그림을 보여주며) 내가 그린 기린 그림은 잘
    그린 기린 그림이고 쟤가 그린 기린 그림은 잘 못 그
    린 기린 그림이죠, 어떻게 쟤가 그린 기린 그림이 잘
    그린 기린 그림이고 내가 그린 기린 그림이 잘 못 그

린 기린 그림이에요? 내가 그린 기린 그림은 잘 그린 기린 그림이고 쟤가 그린 기린 그림은 잘 못 그린 기린 그림이죠.

C   (곤란해 하며, 자신 없게) 아니 야! 뭐 그래?? 니가 그린 기린 그림이 잘 그린 기린 그림이고 쟤가 그린 기린 그림은 잘 못 그린 기린 그림 같~~아~~~

A   (더 격렬하게) 내가 그린 기린 그림은 잘 그린 기린 그림이고 쟤가 그린 기린 그림은 잘 못 그린 기린 그림이죠, 어떻게 쟤가 그린 기린 그림이 잘 그린 기린 그림이고 내가 그린 기린 그림이 잘 못 그린 기린 그림이예요? 내가 그린 기린 그림은 잘 그린 기린 그림이고 쟤가 그린 기린 그림은 잘 못 그린 기린 그림이죠. (C를 위협적으로 쏘아보며) 내가 그린 기린 그림은 잘 그린 기린 그림이고 쟤가 그린 기린 그림은 잘 못 그린 기린 그림이죠, 어떻게 쟤가 그린 기린 그림이 잘 그린 기린 그림이고 내가 그린 기린 그림이 잘 못 그린 기린 그림이예요? 내가 그린 기린 그림은 잘 그린 기린 그림이고 쟤가 그린 기린 그림은 잘 못 그린 기린 그림이죠

C   (겁내하며, 자신 없게) 그래 니가 그린 기린 그림이 잘 그린 기린 그림이고 쟤가 그린 기린 그림은 잘 못 그린 기린 그림 같~~아~~~ 누가 잘 그렸다기……

B   (이에 더욱 더 밀어붙이며) 내가 그린 기린 그림은 잘 그린 기린 그림이고 쟤가 그린 기린 그림은 잘 못 그린 기린 그림이죠, 어떻게 쟤가 그린 기린 그림이 잘 그

린 기린 그림이고 내가 그린 기린 그림이 잘 못 그린
기린 그림이에요? 내가 그린 기린 그림은 잘 그린 기
린 그림이고 쟤가 그린 기린 그림은 잘 못 그린 기린
그림이죠. (반복한다.) 내가 그린 기린 그림은 잘 그린
기린 그림이고 쟤가 그린 기린 그림은 잘 못 그린 기
린 그림이죠 어떻게 쟤가 그린 기린 그림이 잘 그린
기린 그림이고 내가 그린 기린 그림이 잘 못 그린 기
린 그림이에요? 내가 그린 기린 그림은 잘 그린 기린
그림이고 쟤가 그린 기린 그림은 잘 못 그린 기린 그
림이죠. (더 또박또박 주장한다.) 내가 그린 기린 그림은
잘 그린 기린 그림이고 쟤가 그린 기린 그림은 잘 못
그린 기린 그림이죠 어떻게 쟤가 그린 기린 그림이 잘
그린 기린 그림이고 내가 그린 기린 그림이 잘 못 그
린 기린 그림이에요? 내가 그린 기린 그림은 잘 그린
기린 그림이고 쟤가 그린 기린 그림은 잘 못 그린 기
린 그림이죠.

C   (곤란해하며, 뒤로 밀린다.) 그래 맞어. 니가 그린 기린 그
림이 잘 그린 기린 그림이고 쟤가 그린 기린 그림은
잘 못 그린 기린 그림이야! (A의 눈치를 보며) 아니 나
는… 그게…

A와 B는 C를 황당하게 쳐다본다.

A   선배! 정말 이상한 사람이예요. 누구 그림이 잘 그렸
냐는데 왜 자꾸 왔다갔다해요?

B	선배! 사람이 왜 이렇게 줏대가 없어요?
A	(B에게) 야 관두자. 이 선배 때문에 우리 사이만 안 좋아지겠다. 그리고 기린 그림, 누가 더 잘 그렸으면 어때?
B	맞아! 우리 떡볶이나 먹으러 가자! 내가 살게. (C에게) 선배 성격 좀 고쳐요!

두 사람 나가고 C는 망연자실 서 있다.

위의 '에쮸드'는 의도적으로 같은 문장을 계속해서 반복하고, 같은 문장에 여러 가지 감정의 색깔을 입히고, '내면독백(subtext)'을 달리하여 단순한 문장이 상황과 정서에 따라 얼마나 달라질 수 있는지 경험해 볼 수 있다. 또한 문장을 여러 번 반복함으로써 호흡을 지지하는 근육을 발전시키고. 뿐만 아니라 문장의 속도를 빠르게 훈련함으로써 발음 기관의 훈련에도 크게 도움이 될 것이다.

'제시된 상황'의 설정을 헬스클럽에서 런닝머신 위를 빠른 속도로 달리거나, 무거운 기구를 들어올리고 내리는 등의 상황을 가져와 신체적인 장애를 극복하고 소리와 발음기관이 그 역할을 잘 수행할 수 있도록 훈련해 볼 수 있다.

아래의 문장들을 활용하여 '에쮸드'를 만들어 보자. '에쮸드'를 창조하면서 연기자들은 새롭고 재밌는 상황을 얼마든지 상상해 낼 수 있다.

ㄱ. 경찰청 쇠창살은 새 철창살인가 헌 철창살인가?

ㄷ. 다람쥐는 다리에 다섯 개의 구슬을 달고 다른 다람쥐들과 다른 나라로 여행을 갔다.

ㄹ. 라흐마니노프의 피아노 콘체르토의 선율이 흐르는 영화 퍼스트 레이디를 보면서 챠프포트킨과 치스챠코프는 켄터키 프라이드치킨, 포테이토칩, 파파야 등을 포식했다.

ㅁ. 멍멍이네 꿀꿀이는 멍멍해도 꿀꿀하고, 꿀꿀이네 멍멍이는 꿀꿀해도 멍멍한다.

ㅂ. 박 법학박사는 저분이고 백 법학박사는 이분이다.

ㅅ. 서울시 특허청 특허허가과장 허 과장.
저기 가는 상장사가 새 상 장사인가 헌 상 장사인가?

ㅇ. 오델로의 등장인물은 아이고가 아니고 이아고고 아밀리에가 아니라 애밀리이다.

ㅈ. 중앙청 창살은 쌍 창살이고, 시청의 창살은 외 창살이다.

ㅊ. 칠월칠일은 평창친구 친정 칠순 잔치날

ㅋ. 작은 토끼 토끼통 옆에 큰 토끼 토끼통이 있고, 큰 토끼 토끼통 옆에 작은 토끼통이 있다.

ㅍ. 앞집 팥죽은 붉은팥 풋팥죽이고, 뒷집 콩죽은 햇콩 단콩 콩죽, 우리집 깨죽은 검은깨 깨죽인데 사람들은 햇콩 단콩 콩죽, 깨죽 죽먹기를 싫어한다.

ㅎ. 한영양장점 옆에 한양양장점, 한양양장점 옆에 한영양장점.

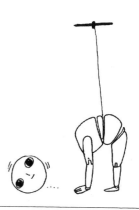

네 번째 훈련 단계
소리

인간이 언어를 만들어 내는 과정은 의사소통을 원하는 욕구에서 시작된다. 이러한 욕구는 심리적인 내적 반응과 함께 언어 의지를 만들어 내는데 이러한 의지와 충동은 호흡을 생성한다. 늑골근은 팽창하고 횡격막은 수축하며 장기가 아래로 이동하면서 복근이 운동을 시작한다.

　이때 공기가 흉부로 방해를 받지 않고 폐로 빨려들게 된다. 말하고자 하는 양 만큼의 충분한 공기가 확보되면 호흡시스템은 반대로 작용하여 팽창된 근육의 탄력 있는 반동과, 복부와 흉부의 근육 수축에 의해서 만들어진 힘이 공기를 밖으로 밀어내는 작용을 하는 것이다.

　후두는 공기가 드나들 수 있도록 평소에는 서로 떨어져 있는데 호흡이 나올 때 부분적으로 닫기 때문에 성대가 호흡에 저항을 주어 진동을 일으키는 것이다. 성대는 그것이 붙어 있는 주변 연골들에 의해 늘어나고 줄어드는데 호흡이 약한 경우에는 이완된 성대를 진동시키며 낮은 소리를 만들고, 강한 호흡과 팽팽히 긴장된 성대는 높은 소리를 만들어 내는 것이다.

그러나 바이올린의 처음 소리가 현과 활에서 나오듯이 성대는 소리를 발화시키나, 그 소리는 아주 미세한 소리만을 만든다. 바이올린의 나무통처럼 사람에게는 공명기관이 있어 성대의 미세한 진동이 증폭되는 것이다.

공명기관은 우리의 신체 중에 비어 있는 공간(인두, 입, 코 등)이고 많은 뼈들로 이루어진 (가슴 광대뼈, 턱뼈, 두개골, 후두, 연골, 척추뼈 등) 공간들도 전부 공명 기관이라 볼 수 있다. 이 기관들을 조절하는 근육들에 의해 공명 기관들의 모양과 크기가 변화되고 이것들은 음높이를 결정짓는다.

낮은 소리-가슴, 목의 하단부, 인두

중간 소리-연구개, 치아, 턱뼈, 코, 광대뼈, 경구개

높은 소리-코 위의 빈 구멍들, 두개골

이렇게 생성된 공명은 입술, 혀 등의 조음 기관에 의해 호흡이나 진동이 방해받아 특정한 말을 만들어 내는 것이다.

우리는 앞서 긴장·이완 훈련을 통하여 신체 각 기관과 근육을 인식하고 불필요한 긴장을 해방시켰다. 또한 긴장·이완상태를 인식하고 기억하여 배우의 악기인 신체를 조율하는 방법과 원리를 살펴보았다. 이어 호흡 훈련 과정을 통해 소리의 근원을 느끼고, 횡격막의 움직임 강화를 위해 각 기관의 기능을 활성화하였다. 동시에 '호흡 에쭈드'를 통해 신체·심리적 훈련들도 경험하였다.

이제 이러한 훈련들을 바탕으로 우리 몸의 공명기를 훈련하여 음역을 개발하고, 그 한계를 확장하여, 효과적이고 풍부하며 개성 있는 소리 창조의 방법들을 체득하자.

먼저 우리 신체의 공명 기관을 인식하고 각 공명기를 적절히 사용해 낮은 소리, 중간 소리, 높은 소리를 찾아낸다. 이 과정에서 각 공명기 하나하나를 훈련하며, 이들 공명기의 유기적인 조화를 통해 전체 음역을 개발해야 한다.

위의 모든 훈련 과정이 그렇듯이 소리 훈련 역시 기계적으로 반복하는 것은 의미가 없다. **무엇을 어떠한 목적으로 어떤 원리**에 의거하여 훈련하는지를 반드시 알아야 한다. 소리 훈련 또한 의식과 인식의 과정임을 잊지 말자.

1. 소리 훈련의 목적

- 우리 몸 안의 모든 공명 기관들을 각각 따로따로 인식하여 그 진동을 경험한다.
  인간의 몸을 완벽한 하나의 악기로 생각하고 그 악기가 어떻게 기능하는지 관찰하고 체험하는 것으로부터 출발한다.
- 내가 평소에 의식하지 않고 말하는 목소리가 내가 가장 편안하게 느끼는 나의 목소리이다. 우리는 그 편안한 소리에서 가슴 50%, 머리 50%, 코(안면)가 참여하는 이상적인 공명의 소리를 찾는다.
  이상적인 공명이 형성되면 쉰 소리나 콧소리, 긴장되어 막힌 소리는 절대 생겨나지 않는다. 또한 훈련을 통해 어렵지 않게 이상적 공명을 만들 수 있을 것이다.
- 아래 '공명 바디 2'에서 머리, 가슴 공명의 음역 한계선을 늘린다. 즉 음역을 확장한다.
- '공명 바디 3'에서처럼 음역의 눈금 중에서 끊어진 부분을 강화한다.
- '공명 바디 4'의 그림처럼 눈금을 조밀하게 만듦으로써 섬세한

소리를 만들어 가는데 목적이 있다.

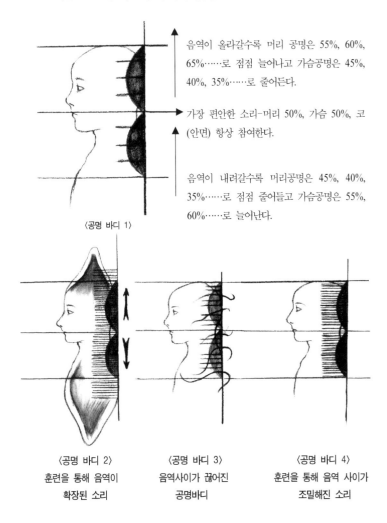

음역이 올라갈수록 머리 공명은 55%, 60%, 65%……로 점점 늘어나고 가슴공명은 45%, 40%, 35%……로 줄어든다.

가장 편안한 소리–머리 50%, 가슴 50%, 코 (안면) 항상 참여한다.

음역이 내려갈수록 머리공명은 45%, 40%, 35%……로 점점 줄어들고 가슴공명은 55%, 60%……로 늘어난다.

〈공명 바디 1〉

〈공명 바디 2〉
훈련을 통해 음역이
확장된 소리

〈공명 바디 3〉
음역사이가 끊어진
공명바디

〈공명 바디 4〉
훈련을 통해 음역 사이가
조밀해진 소리

• 코(안면)의 공명은 음의 높이에 관계없이 계속 참여할 수 있도록 훈련한다.

• 소리가 높아져 가슴공명의 사용이 어렵거나, 소리가 낮아져 머리공

명의 사용이 어렵더라도 훈련을 통해 항상 참여할 수 있도록 노력해야 한다. 습관적으로 머리 공명, 가슴 공명 등 일정한 기관만을 치우쳐서 사용한다면 풍부하고 표현력 있는 소리를 얻을 수 없다.

> 우리에게 주어진 최상의 악기인 몸을 올바르게 조율할 때에야 비로소 원하는 연주가 가능한 잘 조율된 악기로써 존재할 수 있다.

• 적절한 '공명 바디'의 사용으로 배역의 캐릭터를 창조할 수 있다. 예를 들어 주로 낮은 음역을 사용하는 인물, 비음이 많이 섞인 개성적인 캐릭터, 혹은 머리 공명을 이용한 히스테릭한 높은 소리를 재료로 인물을 창조할 수 있는 것이다.

2. 기관

풍선을 우리의 폐라고 생각하고 공기를 가득 채워 보자. 그러면 풍선안의 공기는 풍선의 탄성 때문에 풍선 밖으로 나가려고 할 것이다. 하지만 우리가 손으로 입구를 막고 아주 미세한 공기만 빠져나가게 한다면, 안의 공기는 커다란 압력으로 그 작은 구멍을 통과할 것이고, 그때 '삐~이~' 하고 소리가 날것이다. 즉 발성이란, 이와 같이 호흡을 하면서 폐로 들어온 공기를 내뿜을 때 성문을 통과하면서 성대의 진동으로 생겨나는 소리를 말하는 것이다.

하지만 성대의 진동으로 만들어진 소리만으로는 충분히 크고 좋은 소리를 얻을 수 없다.

예를 들어 우리는 가끔 마을의 이장님이 확성기를 이용해서 주민에게 연설하는 것을 볼 수 있다. 이것은 이장님의 목소리를 확성기를 통해 멀리 있는 주민에게까지 들리게 하기 위한 것이다.

한마디로 우리 신체의 공명기관-성대에서 나는 소리를 증폭시켜 볼륨을 키우고 윤기와 색깔을 입히는 곳-을 이장님의 확성기에 비유할 수 있다.

A란 마을과 B란 마을의 각각의 이장님들이 마을 전체 주민들에게 연설을 하고자 할 때, 두 이장님의 음성을 만들어 내는 조건이 비슷하다면, 둘 중 누가 더 기능이 좋고, 소리가 잘 울려 퍼지는 확성기를 가졌느냐에 따라서 주민 전체에게 잘 들리게 연설을 할 수 있을지 없을지가 판가름 날 것이다.

즉, 전달력 있는 소리, 표현적이며 심리적인 소리와 또 그런 소리들이 전달력을 갖기 위해서는 확성기에 비유할 수 있는 공명관이 필요하다.

1) 발성 기관

소리 훈련을 할 때에 흔히 성대를 조심하라고 한다. 그것은 잘못되거나 무리한 훈련으로 성대에 무리를 주어 좋은 소리를 만들어 낼 수 없게 될까봐서이다. 그렇다면 성대는 어디에 위치해 있고 발성할 때, 어떠한 작용을 하는지 알아보도록 하자.

우리가 침을 삼킬 때 목의 중앙에 있는 어떤 것이 움직이는 것을 알 수 있다. 이것이 바로 후두이다. 아래의 그림에서와 같이 위쪽에는 인두(p.147 참고)가, 그 아래쪽에는 기관으로 연결되어 있는 곳에 위치하고 있다. 그리고, 크게 후두의 외곽을 만들고 있는 연한 뼈로 되어 있는 갑상연골과 기관연골 사이에 연결되어 있는 바퀴같은 모양의 윤상연골, 윤상연골 뒷부분 위에 있는 피열연골로 이루어져 있다.

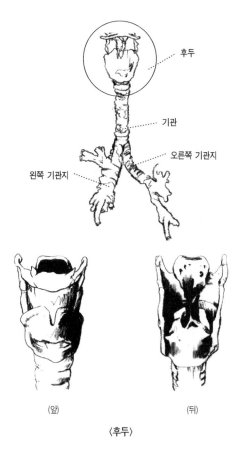

후두

기관

오른쪽 기관지

왼쪽 기관지

(앞)　　　　　(뒤)

〈후두〉

　그리고 후두는 기관과 연결되어 있어 기관이나 폐로 이물질이 들어가는 것을 막아내는 작용을 한다.

　이 밖에 성대의 중요한 작용중의 하나로 호흡할 때와 발성할 때의 변화에 대해 살펴보자.

　일반적으로 안정적인 호흡을 할 때 성문(성대 사이의 공간)은 정삼각형을 이루며 공기를 들이마실 때 성대가 양옆으로 열려 성문이 넓어지고, 깊게 심호흡을 할 땐 더욱더 확대되어 거의 성문이 오각형을 이룬다.

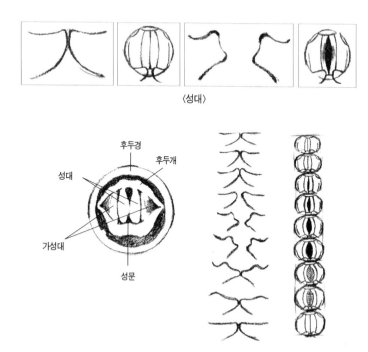

〈성대〉

　발성을 할 때 소리를 만들어 내기 위해서는 성대가 잘 닫혀있어야 하고, 성대가 일정한 긴장을 유지하며, 잘 진동해야 한다.

　폐안으로 들어온 공기가 밖으로 나가려고 할 때 성대의 긴장이 밖으로 나가려는 공기의 압력과 팽팽하게 유지되고 있다가, 나가려는 공기의 압력이 높아지면 성대를 양 옆으로 밀어내면서 공기가 밖으로 나온다. 반대로 공기가 다 나가서 압력이 떨어지면 양 옆으로 밀렸던 성대는 다시 닫힐 것이다. 성대는 전체적으로 두께가 있는 근육으로 이루어져 있고 발성 시 상하좌우로 움직이며 진동을 하게 되는 것이다. (이때 좌우의 성대 사이를 성문이라고 한다. 그리고 가성대는 확실하게 역할을 단정지울 수는 없지만 성문을 닫는 역할을 보조하고 있다.) 성대의 진동수에 따라 목소리의 높낮이가 결정되고, 진동수가 높을수록 피치도 올라간다. 또한 성대가 얼마만큼 열리냐에 따라 목소리의 크기가 결정된다. 이것은 성대를 밀고 나오는 공기의 압력이 클수록 성문이 넓어지고 진폭이 커지기 때문이다.

2) 공명 기관

공명 기관에는 코의 빈 공간인 비강, 인두의 빈 공간인 인두강, 입안의 빈 공간인 구강을 이야기할 수 있다.

공명 기관에 대해서 다음 그림을 통하여 자세히 알아보도록 하자.

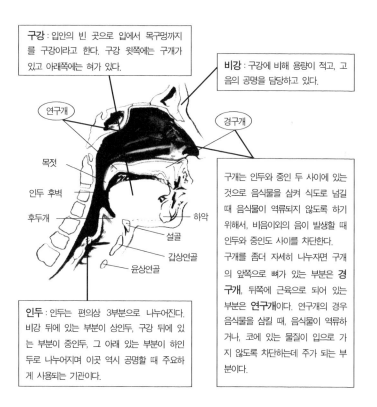

구강 : 입안의 빈 곳으로 입에서 목구멍까지를 구강이라고 한다. 구강 윗쪽에는 구개가 있고 아래쪽에는 혀가 있다.

비강 : 구강에 비해 용량이 적고, 고음의 공명을 담당하고 있다.

연구개

경구개

목젖

인두 후벽

후두개

하악

설골

갑상연골

윤상연골

구개는 인두와 중인 두 사이에 있는 것으로 음식물을 삼켜 식도로 넘길 때 음식물이 역류되지 않도록 하기 위해서, 비음이외의 음이 발생할 때 인두와 중인도 사이를 차단한다.
구개를 좀더 자세히 나누자면 구개의 앞쪽으로 뼈가 있는 부분은 **경구개**, 뒤쪽에 근육으로 되어 있는 부분은 **연구개**이다. 연구개의 경우 음식물을 삼킬 때, 음식물이 역류하거나, 코에 있는 물질이 입으로 가지 않도록 차단하는데 주가 되는 부분이다.

인두 : 인두는 편의상 3부분으로 나누어진다. 비강 뒤에 있는 부분이 상인두, 구강 뒤에 있는 부분이 중인두, 그 아래 있는 부분이 하인두로 나누어지며 이곳 역시 공명할 때 주요하게 사용되는 기관이다.

소리 훈련을 할 때 흔히 몸 전체가 진동(공명)되어야 한다고 말한다. 이것은 우리가 발성을 할 때 몸 안의 비어 있는 공간이 진동하여 몸 자체가 공명하기 때문이다. 즉, 비강, 인두, 구강을 비롯하여 흉강(가슴부위에 해당하는 곳의 빈곳)과 머리가 주된 기관이고 이를 통해 온몸으로 진동을 확장해야 한다.

음이 높을수록 우리는 두성을 많이 사용하고, 음이 낮을수록 몸통에 해당되는 흉강이 진동한다는 것을 알 수 있다.

3. 준비 훈련

공명 훈련은 따로 떨어져서 존재하는 것이 아니라 긴장·이완 훈련, 호흡 훈련 등과 연결선상에 존재한다. (예를 들어 혀는 후두와 연결되어 있기 때문에 혀의 긴장은 후두로 퍼져서 성대의 자유로운 움직임에 영향을 미치고 후두에서 시작하는 긴장은 혀로 퍼져서 발음에 영향을 미친다. 후두의 긴장은 횡격막의 긴장을 불러온다.) 이처럼 우리 신체는 고도의 음향 시스템을 가진 자율 신경계의 복잡한 결합이다. 앞으로 훈련할 공명 기관의 개발과 소리 창조는 앞의 긴장·이완 훈련을 통해 조율된 신체와 강력한 호흡 기관을 갖추어 유기적인 작용으로 이루어 낼 수 있다.

이렇듯 소리 훈련은 어느 한 순간에 이루어지는 것은 아니다. 신체적인 자각에서 시작되어 새로운 습관을 만들어 내는 인내심을 필요로하는 과정인 것이다. 때문에 앞서의 훈련(긴장·이완 훈련, 호흡 훈련)들이 나의 신체 안에서 새로운 인식으로 들어와 있지 않은 상태에서는 소리 훈련 자체가 무의미하다고까지 말할 수 있다. 앞서의 과정들을 꾸준히 훈련하고 몸으로 체득하였을 때 비로소 좋은 소리 창조에 대한 접근이 가능할 것이다.

배우는 관객에게 소리를 크게 전달하려고 소리치면 소리 칠수록 소리를 전달하기 위해 긴장이 생성된다. 특히, 턱과 턱 부위에 긴장을 몰고 오며 목소리는 더욱 움츠려 들고 말 것이다. 발성 기관이 소리를 내지르거나, 힘으로 밀어내고, 힘으로 지지하려 하지 않고, 열리고 개방된 상태에서 이상적으로 진동할 때 우리는 뼈가 진동하는 것을 느낄 수 있을 것이다.

이러한 발성과 공명은 강하고 역동적이며 전달력이 강력하여 그 어떤 공연장이라도 객석 맨 뒷자리까지 전해질 것이다.

턱의 긴장 · 이완과 공명 만지기

① 손가락을 가로로 두 개 세운 만큼 입을 벌린다.

② 혀가 목구멍을 막지 않도록 혀를 아래 이빨 뿌리에 대고 연구개가 들어 올려져 목젖이 보이는 상태인지 확인한다.

③ 주먹을 턱에 갖다 대고 힘을 주면서 벌린 입을 닫히게 하기 위해 힘을 준다. 이때, 턱은 주먹의 힘에 의해 닫히지 않도록 긴장해야 한다.

④ ①~③까지의 운동을 2번 정도 반복한다.

⑤ 턱에서 주먹을 뗀 직후, 턱을 다물지 말고 이완의 상태로 그대로 유지시키며 두 손으로 아래턱을 잡고, 위아래로 흔들어 윗니와 아랫니가 부딪치게 하면서 이완이 상태를 점검한다.

⑥ 턱을 아래로 떨어뜨려 이완한 상태에서 가슴과 후두개가 일직선상으로 개방되도록 머리를 약간 뒤로 들어올리고 하

품하듯 호흡을 내뱉어 본다. 연구개가 올라가는 것이 느껴질 것이다. '하아~~~~ 하아~~~~' 이 상태에서 가슴에 손을 대어보고, 그 진동을 느껴 보자.

이때 혀가 완전히 이완된 상태인지 확인한다.

⑦ 턱을 떨어뜨린 상태에서 '비~~~~~ 베~~~~ 바~~~~~~'를 반복한다. 소리를 낼 때 턱은 항상 이완의 상태를 유지하고 '비~~' 소리를 냄과 동시에 턱을 다시 이완시키며 떨어뜨린다. '베~~ 바~~~'로 위와 같이 훈련하면 마치 우리가 바보 연기를 할 때 같은 모양이 된다. 점점 속도를 빨리하여('비~베~바~비~베~바~비~베~바~') 진동의 강도가 강해짐을 느껴 보자.

가슴을 살살 쳐보며 그 진동을 인식해 보자.
이 상태에서 나는 소리는 나에게 무척 낯설고 부자연스럽게 느껴질 뿐 아니라 아름답지 못한 소리로 들리며 당황스러울 지도 모르겠다. **이 단계에서는 아름다운 소리를 만들어 내는 것은 중요하지 않다.** 각 공명 기관에 대한 의식과

자유로운 호흡, 안면의 긴장·이완과 후두와 턱, 혀가 느끼는 긴장·이완의 느낌이다. 끔직한 소리를 내더라도 걱정할 필요가 없다. 그런 소리는 우리가 마치 처음 소리를 내는 것처럼 부자연스럽겠지만 이상적인 습관을 만들어 가는 시작으로 익숙한 것에서의 탈피가 무엇보다도 필요하다.

불 뿜는 용 - 공명 뿜어내기

① 두 사람씩 짝을 지어 1m 간격을 두고 서로 마주본다. 한 사람은 불을 뿜는 용이 되어 상대방에게 불을 내뿜고 있다고 상상하고, 나머지 사람은 그 불길을 피하는 사람이 된다.

② 아랫배의 뜨거운 공기를, 입까지 연결된 말랑말랑한 파이프를 통해 끌어올린다고 생각한다.

입은 최대한 크게 벌려 연구개를 들어올리고, 혀는 기도를 막지 않게 아래로 내린 상태에서 뜨거운 김이 올라오도록 한다. '허어어어어어~~~~~' 하고 호흡을 올리고 그 호흡의 진동을 인식한다.

③ 나의 몸은 '용'이 되어 유연하게 공기 중을 날아다닌다고 상상하고 하복부의 뜨거운 호수에서는 불을 뿜어낸다. 이리저리 움직임을 만들어 본다. 유연하게 공중으로 뛰어 올라 가볍게 점프하고, 척추를 아래로 이완시켜 머리를 아래로 떨어뜨리고 다시 척추를 세우고 턱을 들어 올려 '허어어어어어……' 포효하기도 한다.

 그러나 이러한 모든 동작들이 지나치게 과장되어 신체가 긴장되는 것을 경계한다.

④ 위의 동작들을 수행하면서 뜨거운 호흡과 함께 '하아~ ~~~ 하이이이~~~~ 후우우우우~~~~~' 하고 내뿜는 다. 그 진동의 길이를 달리해서 내뿜어 본다.

⑤ 이제는 자유롭게 자신이 용이 되어 놀아 보자. 서로는 상대 용이 내뿜는 뜨거운 호흡의 강도와 방향에 대해 구체적으 로 반응해 본다. 작게 불면 고개만 피해 버린다거나, 크게 내뿜을 땐 뒤로 밀리고, 혹은 그 불길을 피해 도망가기도 하고 쓰러져보는 등 본능적으로 반응해 본다.

⑥ 2m 정도 간격을 두고 선다. 더 큰 용을 상상하며 불을 내 뿜는다. 이때 아랫배에 뜨거운 호수의 크기를 확장하고 뜨 거운 호흡이 통과하는 통로도 더 확장해서 호흡 줄기를 크 게 만든다고 상상해 본다.

⑦ 3m 정도 간격을 두고 선다. 훨씬 더 큰 용을 상상하며 눈 앞에 보이는 것을 태워버린다고 상상한다.

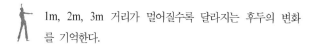

1m, 2m, 3m 거리가 멀어질수록 달라지는 후두의 변화 를 기억한다.

휘파람 불기 _ 머리 공명 만지기

① 휘파람을 불어 본다. (휘파람을 불지 못해도 상관없으므로 불려고 노력해 보자.) 휘파람을 불었을 때의 혀의 위치, 연 구개의 들어 올려지는 느낌과 턱의 위치, 크게는 늑골과 후 두의 느낌, 복근의 움직임까지 세세히 자각해 보자.

② ①의 상태에서 입술만 가볍게 다문다.

③ '흐음~~~~' 하고 신음해 보자. 길게 '흐음~~~~~' 하 고 신음해 본다. 상대에게 무엇을 부탁하듯 간절함을 담아

상대방의 눈을 보고 부탁하듯 신음한다. '흐음~~~~ 흐
~~~~~~~~~~~~~ 으 ~~~~~~~~~~~음~~~~
~~~~~' 말하듯 다양하게 신음해 본다.

④ 어디가 진동하는지 체크하라. 입의 작은 떨림, 코 주변의
안면과 머리가 가슴보다 많이 진동하는 것을 느낄 수 있다.

⑤ 음높이를 한 계단씩 높여 보자. 음높이가 높아질수록 머리
로 진동이 많이 올라감을 느낄 수 있을 것이다.

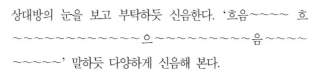

　　　음높이를 높이려 할 때 후두와 어깨 턱, 혀 등에 긴장이
　　　오는 것을 주의해야 한다. 음높이가 높아지더라도 신체의
　이완된 느낌을 유지하려고 노력한다.

⑥ ①, ②의 상태에서 입만 다물고 허밍해 보자. 진동을 체크
한다. 같은 방법으로 입을 열고 허밍해 본다.

⑦ ①과 같은 방법으로 휘파람을 분 뒤에 입을 다물고 '히
이~~~~' 하고 길게 신음해 보자.

⑧ 이번에는 ⑦의 내부 기관의 느낌을 변화시키지 않은 상태
에서 입술을 가볍게 열고 '히이~~~~~' 하고 신음한다.

⑨ '히이이이이~~~~' 하고 뜨거운 호흡을 내뿜을 때 턱을
약간 아래로 숙이고 혀를 이완하고 '히이이~~~' 해 본다.

⑩ 이제 음의 높이를 기분으로 살짝 올리고 '히이이이이이~
~~~'해 본다. 코 주변의 광대뼈 부분과 이마에 손을 대
어보고 진동을 체험해 보자. 이제는 '히이이이이이이이이이
이이이~~~~~' 하며 오랜 시간 '이이이이이이이~~~~'
하고 끌어 본다. 여전히 경구개와 후두는 열려 있는 기분을
유지하고 입술을 살짝 다물어 보자. '이이이이이~~~~~

~~' 하고 신음처럼 길게 늘여 본다. 그리고 이때 혀끝을 윗니 잇몸 부분에 갖다 댄다. 처음에는 느끼기 어려울지 모르나 몇 번 반복하면서 경구개의 떨림을 경험할 수 있을 것이다.

⑪ 이제 긴장·이완의 '줄인형' 훈련에서처럼 유연하게 척추를 바닥으로 툭 떨어뜨리며 '히이~~~' 소리 내어 본다. 아래로 척추를 떨어뜨려 이완하는 동작에 대한 반응으로 음높이를 더 높여 보자.

음높이를 높이려는 의지는 본능적으로 긴장을 불러온다. 높은 음을 내기 위해 죄고, 소리를 못 낼 것이라는 불안감에서 오는 거부감 등이 우리를 방해할 것이다. 따라서 음높이를 높이는 순간 상체를 이완시킴으로써 음높이가 올라감에 따른 긴장을 해방시킨다. 지속적으로 훈련하며 느낌을 몸으로 기억하여야 한다.

고양이 _ 코 공명 밀어내기

위의 '호흡 에쭈드'에서 고양이를 기억하는가?

이제 이 훈련을 공명과 연결시켜 코(앞면)의 공명을 느껴 보자.

우리는 흔히 평소의 말소리에 비음을 많이 섞어 발성하는 사람을 볼 수 있는데 이는 코의 이상적인 공명 상태와는 명확히 구분되는 것이다. 즉, 콧소리를 내는 것과 코에서의 공명은 다른 것이다. 콧소리가 섞인 음성은 연구개의 움직임이 활발하지 못하여 혀의 위치가 뒤로 이동하여 공간을 좁혀 진동을 코로 강하게 밀어 넣기 때문이다. 콧소리는 이처럼 호흡을 방해할 것이며, 가슴과 머리 공명을 사용할 때도 그 특징이 두드러지기 때문에 소리의 색깔을 한정지을 수 있다.

코 공명은 공명 기관 가운데 무척 중요한 부분이다. 높은 음을 담당하고 있으며, 공명에 윤기를 더해주고 소리의 파워를 높여준다.

① 나는 고양이이고 아침에 일어났다. 몸을 쭉 늘여(요가에서의 고양이 자세) 척추를 스트레칭하며 기지개를 편다. 이제 하품을 해 보자. 기분 좋은 따뜻한 호흡과 함께 신음 소리를 내어본다. '흐음~~~~~' 입을 벌려 연구개를 들고 후두를 개방하여 혀는 아랫니 뿌리에 자연스럽게 놓은 상태에서 다시 한번 '흐음~~~~~' 해 본다.

이제는 배가 고프다. 주인을 불러 본다. '미이이이이~~~야~~~~~~~' 해본다. 유연하게 걸으며 주인이 자고 있는 방문 쪽을 바라보며 의지를 가지고 다시 부른다. '미이이이이이이~~~~~~~야~~~~~~~~~~~~~~'

② 주인이 소식이 없다. 약간의 간절함을 가지고 코 부분을 찡그려 본다. '미이이이이~~~~~ 야~~~~~~~' 코를

찡그린 부분에서 소리가 나도록 하며 반복해 본다. 앞발은 코 주변에 대어 본다. 울림이 있는지 확인한다. 조그만 소리도 구강으로 흘러들어가지 않도록 주의하면서 코 주변의 진동을 느껴 본다.

③ 이제는 고양이 소리로 신음하면서 몸을 흔들어 보자. 진동이 온몸으로 퍼져 나간다고 상상한다.

④ 이제 '미이~~~~~~' 하고 신음하면서 만들어진 코의 진동을 '야~~~~~~' 하면서 입으로 방출해 보자.

다소 어색한 느낌이 들더라도 과감히 시도해 본다. 해보지 않는다면 느낄 수 없고 새로운 인식을 찾아내지 못할 것이다.

4. 소리 훈련

1) 공명 찾아 불러내기

이제부터 시작할 훈련의 목적은 공명된 소리를 불러내 오는 것이다. 이제까지 사용하지 않았던 기관을 일깨워 움직이게 하고, 각 기관이 서로 유기적으로 작용하여 아름답고 진실한 내면의 진동을 담아내 그것을 막힘없는 소리로 그려 낼 수 있는 감각을 키우는 것이다.

즉, 우리의 인지 능력을 통해 불러내어진 진동을 재생하고, 기억해 진동의 감각을 더욱 예민하게 느낄 수 있도록 한다. 우리는 몸에 대한 감각을 열어놓고 끊임없이 대화를 시도함으로써 몸이 보내는 신호를 민감하게 읽어내고 그 느낌이 어떤 것인지를 알고 기억할 수 있어야 할 것이다.

우리의 몸을 예민하게 잘만 다루면 무대 위에서나, 마이크 앞에서, 혹은 가창 시의 어느 상황에서도 훌륭하게 연주하는 방법을 익힐 수 있을 것이다.

친구 부르기

① 유유히 흐르는 강물을 눈앞에 상상한다. 시원한 바람도 불어온다. 눈을 들어 멀리 바라보니 반가운 친구의 모습이 보인다. 그 친구는 나를 보지 못한 것 같다.

이제 친구를 불러 보는 데 처음에는 소리를 내지 않고 마음으로 '어이~~~' 하고 부른다. 멀리 보이는 친구를 정확히 바라보고 소리는 내지 않으나 반가운 마음으로 부른다.

발성은 하지 않았으나 모든 기관이 발성하기 위해 활발히 움직이는 것이 느껴진다. 나의 충동이 횡격막을 움직이고, 복근은 팽창시키며, 늑골을 확장시킨다. 성문이 닫치고 연구개가 열리며 혀가 아래로 내려가 턱이 움직인다.

다시 한번 시행하고 그 미세한 기관의 움직임을 느끼고 머릿속에 기억하려고 노력해 보자.

② ①의 느낌이 몸으로 인식되고 기억되었다면 이제 입을 열고 강 건너에 서 있는 친구를 실제로 불러 보자.

'어~~~이~~~' 불 뿜는 용의 훈련을 했을 때와 같이 따뜻한 호흡이 하복부에서 올라와 연구개에 닿는 느낌을 되살려 보자.

자신의 소리를 들어 보자. 자유로운가, 자유롭지 못한가를 판단해 보자. 소리를 실제로 낼 때와 소리 없이 마음으로

부를 때의 느낌을 비교해가면서 신체의 움직임이 달라지지 않도록 노력하면서 반복한다.

자신의 소리를 체크해보고 최대한 개방된 소리를 내도록 노력한다.

'어~~이~~~~~~~' 하고 부르면서 몸을 털어 진동이 몸과 함께 흔들리는 것을 경험한다.

'어이~~~~' 부르며 상상속 친구의 반응을 본다. 소리가 자유롭고 막힘이 없을 때 나의 소리는 강을 건너 친구에게 전달되어 친구는 그 소리를 듣고 나를 향해 반갑게 돌아설 것이다.

소리는 평소 자신이 편안하게 느끼는 목소리에서 시작되어야하며 교사의 소리를 흉내내거나 같이 훈련하는 동료의 톤을 따라가지 않도록 훈련한다.

만약 이러한 인식이 필요하다면 두 팔을 높이 들었다가 떨어뜨리며 자신의 이름을 말해 보자. 이때의 소리가 가장 본인이 가장 편안하게 느끼는 소리일 것이다.

혹은 '줄인형' 훈련의 마지막 단계에서 척추에 매달린 실이 잘려나가는 순간 상처가 바닥으로 떨어질 때 '어이~~' 하고 소리를 내보며 확인해 볼 수 있다.

맛있는 것 먹기 – '흐음~음~음~~~'

① 자신이 가장 좋아하는 음식을 상상한다. 그 음식을 손바닥 위에 올려놓는다. 먹고 싶다는 욕망을 갖는다. 예를 들어, 치즈케잌이라면 부드럽게 녹아들어가는 맛이 혀끝으로 느껴질 것이다. 이제 다른 손으로 그 음식을 집어서 입안에 쏙 넣는다. 맛을 음미하며 씹기 시작한다. 만약 맛있다면

씹으며 감탄하며 신음해 보자. '흐음~~~ 흐음~~~~'
점점 크게 시도해 본다.

② 누군가가 자신에게 '맛있니?'라고 물었을 때, '음, 아주 맛
있어.'라는 대답을 하고 싶겠지만, 입에 치즈케익이 있는
채로 대답한다면, 눈을 지그시 감고 웃으며 '음~~'이라는
소리로 신음하며 대답할 것이다.

고개를 끄덕이며 입을 다문 상태에서 음식을 씹으며 맛있다
고 적극적으로 대답해 보자. '맛있니?' '흐음~~~(맛있어)'
'정말 맛있어?' '흐~~~~~~음~~~~(정말 맛있어)' '정
말 그렇게 맛있어?' '흐음~ 흐음~ 흐음~(정말 정말 맛있
어)'

③ ②의 케익을 씹으며 대답하는 행동을 계속하며, 정수리 부
분, 코와 광대뼈 주변, 가슴 등을 손으로 만져 보고 진동을
체크한다.

이제는 입을 열고 씹는 행동을 계속해 보자. 입을 열고 천
천히 씹기 시작한다. '흐음~~~ 흐음~~~' 턱과 윗입술
과 아랫 입술을 적극적으로 움직이며 기분 좋게 음식을 음
미하며 씹는다. '음냐~ 음냐~' 하고 소리를 낸다.

④ 이번에는 ③의 훈련을 빠르게 수행해 보자. '음냐~ 음냐~
음냐~ 음냐~ 음냐~' '음냐~ 음냐~'

안면 근육이 적극적으로 움직이고 진동은 강력해져 앞으로
뿜어져 나올 것이다.

가슴과 안면, 머리에 고르게 진동을 느낄 수 있는지 손으로
체크해 본다. 이 세 부분 중에 진동이 약하게 느껴지는 부분
이 있다면 그 부분의 진동을 불러오는데 집중하여 훈련한다.

진동의 느낌을 찾고 불러오는데 신경을 쓰다보면 진동이 내뿜어져 나오지 않고 구강 안에 머무는 문제가 발생할 수 있고 진동이 구강 안에서만 머물면 자연히 내뿜는 탄력이 약해져 전달력을 상실한다. 흔히 하는 실수는 자신이 공명을 충분히 느끼고 있기 때문에 진동이 입 밖으로 밀려 나오지 않는 것을 의식하지 못하는 것이다.

그러나 **각 기관에서 생성된 공명된 소리는 외부로 방출되어 공기를 진동시켜야 목소리로서의 가치가 있음을 잊지 말자.**

따라서 훈련에 전제되어 있는 바와 같이 소리를 통해 상대와 대화한다는 기분을 잊지 말아야 한다. 두 사람 이상이 훈련을 같이할 때는 서로 질문을 던지고 대답하는 형식으로 하면 효과적일 것이다.

개 짖는 소리 – '허우!!'로 음역 오르내리기

① 내 안에는 세 마리의 개가 있다. 가슴에 들어있는 개는 덩치가 굉장히 크고, 세인트 버나드처럼 거대한 녀석이다. 그래서 낮고 우렁차고 풍부한 소리를 낸다.

내 머리에도 개가 있는데 그 녀석은 덩치가 아주 작고 말랐다. 요크샤테리어 처럼 앙증맞다. 높고 아름다운 소리를 낸다.

나의 코(안면) 속에도 개가 있는데 이 녀석은 나와 덩치가 비슷한 놈이다.

② 처음엔 코 속의 개부터 끌어내 보자. 개 짖는 소리를 상상의 귀로 들어 보자. 익숙한 개 짖는 소리가 귀에서 들리는가? 이제 그 소리에 대답해 보자. 아랫배에 한손을 얹는다. '허우! 허우! 허우!' 복근의 움직임이 느껴지는가? '호흡 에쭈드'에서 개 호흡을 훈련 했던 것을 상기하고 신체를 그 기

억으로 되돌리자. 복부가 이완되고 척추에 긴장이 없으며, 아랫배에서 후두에 이르기까지 자연스럽게 개방되어 있어 나의 호흡은 하복부에서 솟구친다. 목뒤의 어떠한 긴장도 없으며 개가 혀를 길게 빼고 아래로 떨어뜨리듯 하고 편안함을 느낀다. 다시 한번 이런 느낌을 기억하려고 애쓰면서 짖어 보자.

'허우! 허우! 허우!' 이때 음높이는 평소의 내가 편하게 사용하는 그곳에 있다. 어느 기관이 진동하는가? 안면, 가슴, 머리가 고르게 진동하도록 반복하면서 훈련한다.

③ 이제, 제일 큰 놈을 불러낸다. 역시 '호흡 에쭈드'에서의 느낌을 환기한다. 나는 덩치가 산처럼 크고 시원하게 넓은 하복부의 호수를 가지고 있다.

횡격막은 팽팽하고 넓고, 하복부에서 입으로 이르는 파이프는 말랑말랑하나 매우 굵다. 이제 소리를 들어 본다. 멀리서 덩치가 큰 개가 짖는 소리가 들린다. 들리는가? 내가 편안하게 낼 수 있는 가장 낮은 음역의 소리로 기분 좋게 대답해 보자.

'허우! 허우! 허우!' 짖으며 공명기관을 느껴 보자. 안면과 머리 보다는 가슴의 진동이 큰 것을 알 수 있을 것이다.

④ 이제, 제일 작은 친구를 데려 오자. 멀리서 더 작은 친구가 짖는 소리가 들린다. 이제 반갑게 대답해 보자. 자신의 음역에서 가장 높은 소리로 **'허우! 허우! 허우!'** 이제 손으로 공명 기관을 느껴 보자. 머리의 공명이 제일 많은 것을 알 수 있을 것이다.

⑤ 세 마리의 개를 순서 없이 등장시키며 음역의 변화와 그에 따른 공명기관의 사용을 훈련해 보자.

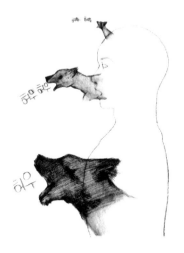

 우리는 위의 훈련을 통하여 자신의 제일 높은 음역, 제일 낮은 음역, 평소의 편안한 소리 속에서 이상적 진동을 찾을 수 있다. 이제 그걸 인식했다면, 이제는 그 음역을 한계를 확장시켜 나갈 수 있을 것이다.

2) 소리 확장하기

 앞의 '공명 찾아 불러내기' 훈련으로 우리는 공명 기관의 위치를 파악하고, 각각의 기관이 만들어내는 진동을 경험하였으며, 그 소리를 찾아 내뿜어 개방하였다. 또한 공명기관의 운용에 따른 음역의 변화도 느껴보았다.

 이제 그 소리를 강력하고, 풍부하며, 감정적 반응에 민감하게 반응하고 운용되어지도록 확장하는 단계이다. 위의 세 가지 공명불러내기 방법 중 각자 자신에게 맞는 것을 선택한다. 혹은 혼용해서 사용할 수 있다.

므뇨 ~~~~~

① 유유히 흐르는 강물을 눈앞에 상상한다. 시원한 바람도 불어온다. 눈을 들어 멀리 바라보니 반가운 친구의 모습이 보인다. 그 친구는 나를 보지 못한 것 같다.

이제 친구를 불러 보는 데 처음에는 소리를 내지 않고 마음으로 '어이~~~' 하고 부른다. 멀리 보이는 친구를 정확히 바라보고 소리는 내지 않으나 반가운 마음으로 부른다.

발성은 하지 않았으나 모든 기관이 발성하기 위해 활발히 움직이는 것이 느껴진다.

나의 충동이 횡격막을 움직이고, 복근을 팽창시키며, 늑골을 확장시킨다. 성문이 닫치고 연구개가 열리며 혀가 아래로 내려가며 턱이 움직인다.

다시 한번 시행하고 그 미세한 기관의 움직임을 느끼고 머리 속에 기억하려고 노력해 보자.

② ①의 느낌이 몸으로 인식되고 기억 되었다면 이제 입을 열고 강 건너에 서 있는 친구를 실제로 불러 보자. '어~~~이~~~~~' 불 뿜는 용의 훈련을 했을 때와 같이 따뜻한 호흡이 하복부에서 올라와 연구개에 닿는 느낌을 되살려 보자.

자신의 소리를 들어 보자. 자유로운가, 자유롭지 못한가를 판단해 보자. 소리를 실제로 낼 때와 소리 없이 마음으로 부를 때의 느낌을 비교해 가면서 신체의 움직임이 달라지지 않도록 노력하면서 반복한다.

자신의 소리를 체크해보고 최대한 개방된 소리를 내도록 노력한다.

③ '어~~이~~~' 하고 멀리 부른 후에 입술을 가볍게 다문

후 '흐음~~~'하고 신음한다. 공명의 진동이 느껴질 때까지 반복한다.

④ '흐음~~'하고 신음함과 동시에 입을 열어 '므뇨~~'하고 호흡을 내보낸다.

　　주의해야 할 사항은 '흐음~~~'하는 순간의 느낌을 그
　　대로 '므뇨~~~'로 바꾸어 개방하는 것이다.
　아무것도 변화시키지 않으려 노력한다.

⑤ 다시 한번 신음하듯 '흐음~~' 하고 '므뇨~~~' 하며 내뿜는다. 시선은 멀리 보되 내가 보고 있는 그곳을 향해 나의 소리의 파동이 나아가고 있음을 느껴본다.

⑥ 최대한 호흡이 모자라는 순간까지 '므뇨~~~~~~' 하고 길게 진동한다. '므뇨~~' 하고 내뿜는 동안 새로운 긴장이 생겨나거나 해서 소리의 질과 색깔이 변화하지 않도록 훈련한다.

⑦ 호흡을 내뿜을 때 숨이 '므뇨~~~'라는 소리와 함께 모두 방출되는 순간, 진동을 딱 멈추지 말고 최대한 멀리 띄워 밀어 보낸다. 허나 밀어 내는 소리가 긴장으로 조여드는 것을 주의한다. 몇 번 반복한다.

⑧ ⑦의 소리가 안정되고 자유로우면 '므뇨~~'에서 '므냐~~~'로 '므뉴~~~~'로 변화시켜 훈련한다.

　　모음이 변화함에 따라 구강의 모양과 혀의 위치가 변화
　　하나 소리의 진동은 같게 유지하도록 한다.
　또한 호흡을 뿜어내는 동안 음역이 변화되지 않도록 주의한

다. 한 음높이로 일정하게 훈련한다.

쁴 ~~ 버를리 ~~~

① 자신이 가장 좋아하는 음식을 상상한다. 그 음식을 손바닥 위에 올려놓는다. 먹고 싶다는 욕망을 갖는다. 예를 들어, 치즈케익이라면 부드럽게 녹아들어가는 맛이 혀끝으로 느껴질 것이다. 이제 다른 손으로 그 음식을 집어서 입안에 쏙 넣는다. 맛을 음미하며 씹기 시작한다. 만약 맛있다면 씹으며 감탄하며 신음해 보자. 흐음~~~ 흐음~~~~ 점점 크게 시도해 본다.

② 누군가가 자신에게 '맛있니?'라고 물었을 때, '음, 아주 맛있어.'라는 대답을 하겠지만, 입에 치즈케익이 있는 채로 대답한다면, 눈을 지그시 감고 웃으며 '음~~'이라는 말 한마디로 대답할 것이다. 고개를 끄덕이며 입을 다문 상태에서 음식을 씹으며 맛있다고 적극적으로 대답해 보자.
'맛있니?' '흐음~~~' '정말 맛있어?' '흐~~~~~음~~~~' '정말 그렇게 맛있어?' '흐음~ 흐음~ 흐음~'

③ 씹으며 대답하는 행동을 계속하며, 정수리 부분, 코와 광대뼈 주변, 가슴 등을 손으로 만져보고 진동을 체크한다.
이제는 입을 열고 씹는 행동을 계속해 보자. 입을 열고 천천히 씹기 시작한다. '으음~~~' '으음~~~' 턱과 윗입술과 아랫입술을 적극적으로 움직이며 기분 좋게 음식을 음미하며 씹는다. '음냐~ 음냐~' 하고 소리를 낸다.

④ 이번에는 ③의 훈련을 빠르게 수행해 보자. 음냐~ 음냐~ 음냐~ 음냐~ 음냐 → 므뇨~ 므냐~ 므뇨~ 므냐~ 므뇨~ 므냐~로 소리를 전달한다.

음냐~~~ → 므뇨~므냐~므뇨~므냐~ → 므뇨~~~ **~~ → 뻠~~버를리~~~~~**로 소리굽쇠가 진동을 전달하듯이 소리를 전달하고 진동의 느낌을 그대로 유지하려고 노력한다.

⑤ 이번엔 므뇨~~ 뻠~버를리~~ 뻠~버를리~~ 뻠~~버를리~~하고 반복해서 공명해 본다. 모음을 바꿔 뺌바랄리아~~~~~로 훈련해 본다.

'뻠~버를리'를 세 번 반복하는 동안 공명의 질과 양을 변화 시키지 않으려 노력한다.

⑥ 뺌버를리~~~ 뺌바랄리아~~ 뽐보롤로오~~~~ 등으로 모음을 변화해서 훈련해 본다.
~~~이, ~~~아, ~~~오의 모음을 임의로 교차해 가며 훈련해 본다.

엄마~~ 배고파~~ 밥줘~~~

① 위의 공명 불러내기 방법 중에 본인에게 가장 편안한 것을 선택한다. 그 방법에 따라 공명된 소리를 찾는다.

② 혹은 위의 방법들을 조합해서 '므뇨~~ 엄마 배고파 밥줘~~' 혹은 '뻠버를리 ~ 엄마~~ 배고파 밥줘~~'로 훈련하는 것도 좋다. '엄마 배고파 밥줘'란 문장을 마치 성당에서 신부님이 미사를 진행하는 톤처럼 읊는다. '엄'의 음절에 진동은 '마'로, '마'에서 '배'로, '배'에서 '고'로 천천히 공명이 전달되며 음높이는 같다.

③ 이 문장은 일정한 부탁의 의미를 담고 있다. 부탁이나 간절

함을 담아 상대에게 전달하고자 노력한다.

소리가 길어졌으나 당황하지 말고 일정한 소리를 일정하게 내뿜을 수 있도록 노력한다. 중간에 문장이 끊기지 않고 유연하게 연결되도록 공명한다.

④ '~~~~~~ 밥줘~~~'는 호흡이 끝났다고 해서 급격히 진동을 멈추지 말고, 호흡이 끝날 쯤에서 오히려 더 멀리 날려 주고, 그 진동이 부드럽게 사라지도록 연습한다.

⑤ 앞서 훈련한 '개짖는 소리'로 진동을 찾아내고 '허우~~ 엄마~~ 배고파~~ 밥줘~~'하고 연결시켜 보기도 한다.

3) 음역 확장하기

음역 확장 훈련의 목적은 '공명 바디' 하나하나의 눈금을 개발하여 눈금 사이의 간격을 좁히고, 각 눈금들 사이를 유연하고 자연스럽게 옮겨다니는 변화무쌍하고 탄력적인 소리를 만들어 내는 것이다.

하품

① 기분 좋게 큰 하품을 한다.

② 하품의 절정에서 '얼음땡' 놀이를 하듯 멈춘다. 그 상태에서 입술을 가볍게 다문다.

③ 그 상태에서 앞에 서있는 동료에게 무엇인가를 부탁해 보자. 입술을 다문상태에서 부탁의 말은 '흐음~~~~' 하고 신음이 되어 소리가 진동한다. 머리, 안면, 가슴을 손으로 체크하고 제대로 진동하고 있는지 살펴본다. 몇 번을 반복하며 긴장없이 풍부한 공명을 만든다.

(동료에게 무엇을 부탁할 것인지는 각자 상황에 맞게 상상

한다.)

④ '흐음~~~'이라는 진동을 '므뇨~~~~'라는 소리에 실어 밖으로 밀어낸다.

처음에는 밀어낸다는 강박관념을 갖지 않고 호흡을 내뿜는 다는 생각으로 '므뇨~~~' 한다.

⑤ '므뇨~~~'에서 '뇨~~' 부분을 소리를 길게내어 호흡이 멈춰질 때까지 내뱉는다. 이제는 시선을 멀리하고, 나의 소리(진동)를 공기의 파동을 일으키며 멀리 보낸다고 생각하고, 턱을 이완하고 구강을 열어젖히는 기분으로 '므뇨~~~~'한다.

공기의 파동을 점점 크게 하려고 노력한다. 힘으로 하려하지말고, 기분으로 점점 많은 공기방울들이 내안에서 진동하며 입 밖으로 배출된다고 상상한다.

공명이 적어지고 소리가 안으로 말려들어가거나 막힌 소리가 나오면 ①의 단계에서부터 천천히 다시 시행하거나 온몸을 흔들어 긴장을 털어내고 성대를 호흡으로 '허~허~허~'하고 건드려주며 후두를 가볍게 맛사지해 본다.

⑥ '므뇨~~'에서 '뻠~버를리~' 하며 공명을 전달한다. '므뇨~~~ 므뉴~~ 므냐~~~~ 뻠~~버를리이이이이~~~~~' 하고 한 호흡에 연결해 본다.

⑦ 이번엔 모음을 바꿔 '뺨~~바랄리아아아아~~~~'라고 소리를 내어본다. '~~아아아아아아아아~~~~~~' 하고 공명하며, 연구개가 처음의 개방된 상태 그대로 유지되는지, 무의식적으로 이완하는지 살핀다.

⑧ 이제 '므뇨~~~ 엄마~~~', '므뇨~~~ 엄마~~~ 배고파~~~~', '므뇨~~~~~엄마~~ 배고파아아아아아아~~~~밥줘~~~~~~~~~~~' 하고 연결하여 공명한다. 만족스런 소리를 찾을 때까지 훈련한다.

 손으로 각 공명기관의 진동을 수시로 체크한다.

⑨ 앞서 설명한 '공명 바다' 그림을 떠올려 보자. 우리는 지금 자신의 평소 음높이에서 모든 기관이 유기적으로 공조해서 만들어낸 아름다운 공명을 찾았다.

이제 한 눈금 한 눈금씩 음높이를 올려 보자. 나의 평소 소리에서 자연스럽게 공명된 소리를 만들어 느낌을 그대로 기억하고, 눈금이 올라가 음높이가 높아졌지만 내 몸은 어느 한 기관 다르게 움직이지 않는다. 오히려 눈금이 하나하나 올라가면서 더욱 이완하고 편안해진다고 상상해 보자.

⑩ 소리를 내지르는 것이 아니라, 위에서 연습했던 후두를 열어 말랑말랑한 공기 파이프를 열고, 횡격막을 기억하여 그 아래 큰 호수에서 소리를 끌어올린다고 상상하자.

서두르지 말고 각 음절 끝과 첫 음절을 하나로 이어 주면서 '음음음'(신부님이 성당에서 미사 드리듯이 읊는다.)의 느낌으로 '엄마~~~배고파~~~밥줘~~~'라고 읊듯이 소리 낸다. '공명 바다'의 눈금을 한 계단 한 계단 올라가며 훈련한다. **가장 높은 음역에 닿으면 신체를 충분히 이완하고, 그 높은 소리를 하복부에서 찾아 올린다고 상상해라.**

만약 공명의 느낌이 상실되었다면 다시 중간 소리로 내
려와서 공명의 느낌을 되살려 다시 시도한다.

〈음역의 확장〉

⑫ 이제 중간 눈금에서 한 단계 한 단계 아래쪽으로 내려가며
음역을 낮추어 보자. 급격히 공명 기관을 바꾸어 소리의 색
깔이 달라지지 않도록 노력한다.
즉, 음높이가 낮아져도 어느 선까지는 머리의 공명이 참가
해 풍부한 소리를 유지하도록 한다.

음역 확장 훈련은 호흡 기관과 발성 기관의 적절한 움직
임과 긴장·이완의 효과적인 사용을 훈련하는 기술적이
고 의식적인 과정이다. 이러한 훈련의 결과로 생각과 호흡이
무의식적으로 함께 작용하여 새로운 소리를 만들어 낼 것이
다. 이러한 훈련 과정은 일정한 시간을 요구하고 규칙적인
훈련없이는 불가능하다. **우리의 신체 작동 방식을 새롭게 프**

로그램밍 하는 작업이기 때문이다.

'개짖는 소리'

① 내 안에는 세 마리의 개가 있다. 가슴에 들어있는 개는 덩치가 굉장히 크고 세인트 버나드처럼 거대한 녀석이다. 그래서 낮고 우렁차고 풍부한 소리를 낸다.

내 머리에도 개가 있는데, 그 개는 덩치가 아주 작고 말랐다. 요크샤테리어처럼 앙증맞다. 높고 아름다운 소리를 낸다.

나의 코(안면) 속에도 개가 있는데 이 녀석은 나와 덩치가 비슷한 놈이다.

② 처음엔 코 속의 개부터 끌어내 보자. 개 짖는 소리를 상상의 귀로 들어 보자. 익숙한 개 짖는 소리가 귀에서 들리는가? 이제 그 소리에 대답해 보자. 아랫배에 한손을 얹는다. '허우! 허우! 허우!' 복근의 움직임이 느껴지는가?

'호흡 에쭈드'에서 개 호흡을 훈련했던 것을 상기하고 신체를 그 기억으로 되돌리자.

복부가 이완되고 척추에 긴장이 없으며, 아랫배에서 후두에 이르기까지 자연스럽게 개방되어 있어, 나의 호흡은 하복부에서 솟구친다. 목뒤의 어떠한 긴장도 없으며 개가 혀를 길게 빼고 아래로 떨어뜨리듯 하고 편안함을 느낀다.

다시 한번 이런 느낌을 기억하려고 애쓰면서 짖어 보자. '허우! 허우! 허우!'

③ 이때 음높이는 평소의 내가 편하게 사용하는 그곳('공명바디' 중간 눈금)에 있다.

④ 어느 기관이 진동하는가? 안면, 가슴, 머리가 고르게 진동

172

하도록 반복하면서 훈련한다.

⑤ 이제 제일 큰 놈을 불러낸다. 여시 '호흡 에쮸드'에서의 느낌을 환기한다. 나는 덩치가 산처럼 크고 시원하게 넓은 하복부의 호수를 가지고 있다.

횡격막은 팽팽하고 넓고, 하복부에서 입으로 이르는 파이프는 말랑말랑하나 매우 굵다. 이제 소리를 들어 본다. 멀리서 덩치가 큰 개가 짖는 소리가 들린다. 들리는가? 내가 편안하게 낼 수 있는 가장 낮은 음역의 소리로 기분 좋게 대답해 보자. **'허우! 허우! 허우!'** 짖으며 공명기관을 느껴보자. 안면과 머리 보다는 가슴의 진동이 큰 것을 알 수 있을 것이다.

⑥ 이제 제일 작은 친구를 데려 오자. 멀리서 작은 친구(개)가 짖는 소리가 들린다. 이제 반갑게 대답해 보자. 자신의 음역에서 가장 높은 소리로 **'허우! 허우! 허우!'** 이제 손으로 공명기관을 느껴 보자. 머리의 공명이 제일 많은 것을 알 수 있을 것이다.

⑦ 세 마리의 개를 순서 없이 등장시키며 '공명 바디'를 훈련한다.

⑧ 중간 개가 짖는다. **'허우! 허우! 허우'** 하는 순간 음높이는 그대로 유지하고 바로 연결해서 '엄마~~~~'하고 길게 공명한다. 다시 한번 '허우~ 허우~~~~~ 엄마~~ 배고파~~ 밥줘~~~ 허우~~'로 연결해 본다. 맨 처음 '허우!' 하고 짖은 순간의 느낌을 간직하고 '엄마~~~ 배고파~~ 밥줘~~~' 하는 동안 그 느낌을 유지한다.

⑨ 작은 개가 짖는다. **'허우! 허우! 허우'** 하는 순간 음높이는 그대로 유지하고 그 느낌을 변화시키지 말고 바로 연결해서

'엄마~~~~~' 하고 길게 공명한다.

다시 한번 '허우~ 허우~~~~~ 엄마~~ 배고파~~ 밥 줘~~~ 허우~~'로 연결해 본다. 맨 처음 '허우!' 하고 짖은 순간의 느낌을 간직하고 '엄마~~~ 배고파~~ 밥 줘~ ~~' 하는 동안 그 느낌을 유지한다.

⑩ 큰 개가 짖는다. **'허우! 허우! 허우'** 하는 순간 음높이는 그대로 유지하고 그 느낌을 변화시키지 말고 바로 연결하여 엄마~~~~~하고 길게 공명한다. 다시 한번 '허우~ 허우~~~~~ 엄마~~ 배고파~~ 밥줘~~~ 허우~~' 한다. 맨 처음 '허우!' 하고 짖은 순간의 느낌을 간직하고 '엄마~~~ 배고파~~ 밥줘~~~' 하는 동안 그 느낌을 유지한다.

⑪ 낮은 소리, 높은 소리, 중간 소리를 찾았다. '공명 바디'의 세 지점을 소리로 찍어 본 것이다.

이제 나머지 눈금들도 공명해 보자. 작은 개의 짖는 소리 '허우!~~엄마~~ 배고파~~ 밥줘~~'에서 아래의 음역으로 내려오며 훈련해 보자. 중간 개 짖는 소리까지 내려오는데 공명이 흔들리고 진동이 불규칙적이고 약해지는 것을 느낄 수 있을 것이다.

이것은 자연스러운 현상이다. 당황하지 말고 몸이 보내는 신호를 읽어내도록 감각을 열자.

⑫ 이제 중간 크기의 개에서 제일 큰개로 서서히 한 눈금 한 눈금 내려가며 훈련해 보자.

⑬ 이제 중간에서 위로, 위에서 아래로, 아래에서 위로, 방향과 출발점을 달리하며 훈련한다.

'개 짖는 소리' — 일상어로의 변신

① 위 훈련 ⑦번까지를 가볍게 실행한다.

② 중간 크기의 개를 상상하고 '허우!' 하고 짖는 순간 그 느낌은 그대로 간직하고 발음만 바꾸는 방식으로 엄마! 한다. 여러 번 반복해서 '엄마!'의 공명을 이상적으로 바꾼다.

'허우! 엄마! 배고파!'를 같은 방법으로 반복한다. '허우! 엄마! 배고파! 밥줘!'를 같은 방법으로 훈련한다.

이제 '허우!'를 빼고 '엄마! 배고파! 밥줘'! 해본다.

어떤가? 풍부한 공명을 간직하고 있으나 영탄조의 읊는 듯한 톤이 배제되었다.

③ '허우!' 하고 짖는데 더 힘을 빼고 느낌으로 짖는다. 이제 다시 그 느낌으로 엄마! 하고 불러 본다.

소리의 볼륨을 줄여본다. 허나 그 소리의 질은 변화하지 않도록 한다.

어떤가? 자연스러운 일상어인가?

④ 큰개와 작은 개를 불러내서 같은 방법으로 연습한다.

⑤ '공명 바디'를 오르내리며 공명이 충분히 살아있는 자연스런 일상어로 '엄마 배고파 밥줘'를 훈련한다.

⑥ 음역의 확장 중 '하품 훈련'을 시작한다. ⑧번까지 가볍게 훈련 한 후에 '**므뇨**~~~~~ **엄마**~~~~~**배고파**~~~ **밥줘**~~~~~'의 영탄조의 읊는 공명을 내뿜고 바로 연결하여 **엄마 배고파 밥줘**! 하고 말하듯 소리낸다.

마찬가지로 읊는 듯한 공명과 말하듯이 하는 자연스러운 공명사이에 기관의 움직임이나 근육의 느낌 등이 같은 상태를 유지하도록 한다.

⑦ '공명 바디'의 눈금을 자유롭게 옮겨 다니며 훈련해 보자.

네 번째 훈련 단계 : 소리 175

4) 동작과 같이 하는 소리 훈련

'바따라 ~~' 머리와 가슴 공명 오르내리기

무대위에서 연기하는 연기자들을 흔히 테니스 코트에서 경기하는 선수들에 비유한다.

연기자는 테니스 공 대신에 끊임없이 상대방의 에너지를 받아내고 그것을 나의 정서적·신체 에너지로 승화하여 상대에게 다시 던지는 게임을 하고 있는 것이다.

상대 연기자가 나에게 어떤 구질의 공을 어느 방향으로 던질지 예상할 수 없다.

그러나 상대의 공을 제대로 받아내고 재치 있게 공격할 때 연기자들 사이에는 끊임없는 긴장감과 갈등이 생겨나 무대가 흥미로워짐은 두말 할 나위도 없을 것이다.

아무리 좋은 공명을 지닌 아름다운 목소리를 가지고 있다 하여도 상대방과의 교류에서 자신의 호흡과 에너지를 조율할 수 없다면 아무 소용이 없을 것이다.

이제는 이러한 원리를 바탕으로 공명을 주고받아 보자. 서로 공명을 주고받으며 에너지를 교류하고 음역을 확장해 보자.

① 여러 사람이 동그란 원형으로 선다.
② 내 손안에는 배구공만한 공명체가 있다. 그 공 모양의 공명체는 나의 손바닥에 자석처럼 붙어 있다. 내가 손을 저으며 회전시키면 이 공명체가 진동하며 소리를 만든다고 상상하자.
   가슴 높이에 손을 위치하고 회전 시키면 가슴 공명이 적극적으로 진동하며, 얼굴쪽으로 팔을 들어올려 회전시키면 안

면 공명이 활발하게 진동한다. 팔을 머리 위로 쳐들고 회전시키면 머리 공명이 진동할 것이다.

이제 상상의 공을 회전시키며 진동을 느끼고 그 진동을 바~따라~~~로 내뿜는다. 회전의 속력을 붙이고 바~따라~바~따라~바~따라~바~따라~바~따라~바~따라~바~따라~바~따라~ 회전 속도가 빨라지면 진동도 강해진다.

이때 공명된 소리('바~따라~')가 입을 통해서가 아니라 손안에 회전하고 있는 공명체에서 생성된다고 상상하자.

③ 팔을 천천히 가슴에서 머리로 들어올리며 회전해 보자. 팔이 통과하는 위치에 따라 가슴 공명에서 머리 공명으로 옮아가며 음높이도 올라갈 것이다.

팔을 자연스럽게 위로 들어올림으로써 편안하게 늑골이 확장되는 것을 느낄 수 있을 것이다.

④ 팔을 들어올려 손안에 있는 공명체를 회전시키며 '바~따라~'라는 소리와 함께 음역을 점점 높인다. 천천히 훈련을 시작하여 그 속도를 빠르고, 느리게 불규칙적으로 공명해 보자.

　　분명히 어떤 특정한 음역에서 가슴 공명에서 머리 공명으로 옮겨가며 덜커덩거리는 부분을 있을 것이다. 이러한 공명의 틈 증상과 덜커덩거리는 음역 없이 자연스레 연결지을 수 있도록 훈련하는 것이 중요하다.

⑤ 어느 정도 소리가 자연스럽게 위로 옮아가는 것을 경험했다면 자신의 가장 높은 음역에서 그 공 모양의 공명체를

동료에게 던져 보자.

그 공명체를 받은 사람은 상대가 던져준 음역 그대로 전달받아 그 음역에서 회전을 시작해서 반대로 아래로 내려와 보자. 손을 위에서 아래로 내리며 음역을 높은 곳에서 낮은 음역으로, 머리 공명에서 가슴 공명으로 이동시켜 보자.

⑥ 이제 본격적으로 훈련을 시작하여 보자.

공 모양의 진동체를 회전시키며, 자신이 가장 편안하게 느끼는 음역('공명 바디'의 중간 눈금)에서 '바~따라~~' 하고 소리낸다.

⑦ '공명 바디'를 내 몸에 그려 본다. 이제 눈금을 따라 음역이 위로 올라가면 손은 가슴, 머리로 이동할 것이고 음역이 내려가면 가슴에서 허리, 다리로 공명체가 움직일 것이다.

⑧ 이제 게임을 시작해 보자. 공모양의 진동체를 회전시킨다. 자신이 원하는 음역으로 이동시키며 '바~~따라~~' 하고 공명한다.

회전하는 손을 크게도 작게도 해 본다. 손의 회전 반경에 의해 소리의 볼륨이 달라질 것이다. 팔이 상하 운동하는 속도와, 손의 회전 속도도 달리해 본다.

올라가고 내려가는 속도에 따라 공명기관의 변환이 이루어지고, 회전 속도에 따라 소리의 강도가 달라짐을 느낄 것이다.

자! 이제 어떤 강도로 어떤 음역에서 누구에게 던질지는 자신만이 안다. 공모양의 회전체를 가지고 재미있게 놀아 보자. 그리고 상대에게 그 회전체를 동작과 함께 던져 주자. 던지는 공의 속도도 자유롭게 할 수 있다.

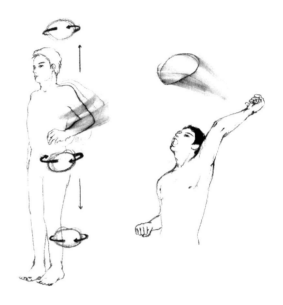

⑨ 공명체를 받은 사람은 상대방이 던져준 속도와 음역을 그
대로 받아 그것을 변화시킨다. 음역을 올리거나 낮추고 속
도와 강도를 달리해 또다시 다른 사람에게 던져 준다.

상대에게 진동체를 던질 때는 정확히 그 사람이 있는 위치
까지 전달되도록 바~따라~의 세기와 방향성을 명확히 한
다. 즉, 공명체를 던져주는 상대와의 거리감을 호흡으로 느
껴본다.

⑩ 규칙과 방법이 몸에 익으면 마치 보이지 않는 바~따라~
라는 공을 가지고 게임 하듯이 즐기고, 공이 자신에게 왔을
때 유연하고 풍성한 공명을 만들어 내도록 노력해 보자.

너! 이거! 받아! 빨리! _ 소리를 전달하자

① 여러 사람이 원을 그리고 선다.

② 첫 번째 사람은 자신의 왼쪽에서 오른쪽으로 무거운 상자를 옮겨야 한다고 상상한다.

다리를 어깨넓이로 벌리고 고정한 상태에서 허리를 90°로 굽히고 왼쪽으로 180° 허리를 틀어 무거운 상자를 건네받는다. 상자를 받으면서 코로 깊게 숨을 들이마신다. 호흡을 머금은 상태에서 허리를 오른쪽으로 180° 돌리고 그 물건을 옆 사람에게 전달한다고 생각한다. 전달함과 동시에 **너!** 하고 호흡과 소리를 동시에 밀어 낸다.

이때 상상의 물건은 나의 호흡과 소리가 되고 나는 옆 사람에게 나의 호흡을 격렬한 동작과 함께 정확히 전달하는 것이다. 너! 하고 소리를 밀어 전달할 때 소리가 흔들리거나 호흡이 끊기지 않도록 훈련한다.

③ 두 번째 사람은 자신의 왼쪽발 복숭아뼈 즈음에서 물건을 받는다고 생각하자. 코로 흠~~하고 들이마시고 숨을 머금은 상태에서 일어서며 오른쪽 방향으로 허리를 틀며 두팔을 뻗어 높은 곳으로 물건을 나른다. 이와 동시에 **이거!** 라고 호흡과 소리를 밀어 낸다.

④ 세 번째 사람은 자신의 왼쪽 높은 곳에서 두 팔을 뻗어 물건을 받는다. 마찬가지로 코로 호흡을 깊게 들이마신다. 들이마신 상태에서 자신의 오른쪽 발 복숭아뼈 옆으로 그 물건을 내려놓는다. 이와 동시에 **받아!** 하고 호흡과 소리를 뿜어낸다.

⑤ 네 번째 사람은 첫 번째 사람과 같은 동작을 하며 **빨리!** 라
　고 호흡과 소리를 밀어 낸다.

⑥ 동그랗게 선 상태에서 돌림 노래 부르듯 훈련하면 재미있다.

　나의 호흡과 소리를 상대에게 정확히 전달하고, 동시에 원하는 방향으로의 확실한 전달도 요구하는 훈련이다. 위의 신체적인 동작들은 호흡을 머금은 상태에서 격렬한 활동성을 요구한다. 허나 이러한 신체적인 장애와 상관없이 불필요한 긴장을 의식적으로 풀어내려 노력하면서 흔들림 없이 개방된 소리를 전달하는 훈련이다.

　우리는 연기하는 과정에서 때로 신체적인 과격한 동작과 섬세한 대사를 동시해 수행해야 하는 상황에 직면할 때가 있다. 연기자는 이러한 상황에서 신체적인 장애를 극복하면서도 소리를 개방되게 지지할 수 있는 능력이 있어야 하며, 이를 위해 훈련하여야 할 것이다.

5) 텍스트와 같이 하는 소리 훈련

위의 여러 훈련들을 통해 우리는 공명을 불러내고, 공명된 소리의 음역을 확장하였으며 그 느낌을 기억하기 위해 노력하였다. 그러나 우리의 최종 목표는 이러한 공명된 소리를 찾아내는 것에 머무를 수 없으며 공명된 소리를 대사에 실어 내는 것이 중요하다. 수많은 개성 있는 캐릭터와 수없이 많은 감정의 변화와 파동을 소리로 표현해내기 위해서는 공명이 자연스런 대사 속에 항상 숨쉬고 있어야 하며 자유롭게 운용되어야 한다. 따라서 공명된 소리를 찾아 그 느낌을 기억하고 그 소리를 읊듯이 내뿜어 확장시키고 그 다음 단계는 자연스런 말 안에 공명이 살아 숨쉬도록 연결시키는 것이다. 텍스트 적용 훈련을 통해 이에 접근할 수 있다.

산산히 부서진 이름이여 ~~~

① 위에서 훈련한 '공명 불러내기'나 '공명의 확장' 훈련 중 공명 된 소리를 만들어 내기에 자신에게 가장 적합하다고 판단되는 것을 고른다.

② 예를 들어 '므뇨~~~~'를 적용해 보자. 이 훈련을 통해 편안 하게 공명된 나의 목소리를 얻었고 '공명바디'를 통해 음역 확 장도 경험 하였다고 가정하자.

③ 산산히 부서진 이름이여
　허공 속에 흩어진 이름이여
　불러도 대답 없는 이름이여
　부르다가 내가 죽을 이름이여

　위의 시를 통해 훈련해 보자.

④ '므뇨~~' 하고 내뱉음과 동시에 엄~ 마~ 배~ 고~ 파~

밥~ 쥐~~~하고 연결시킨다. 이번엔 느낌을 변화시키지 않
고 조금 빨리 **므뇨~~~엄~ 마~ 배~ 고~ 파~ 밥~
쥐**~~호흡하고~~**산~산~이~ 부~서~진~ 이~~름~
이~여~~~~~** 하고 음절 하나하나에 공명이 실리도록 읊어
낸다.

⑤ 므뇨~ 허~공~속~에~흩~어~진~이~름~이~여~~
므냐~~ 블~러~도~대~답~없~는~이~름~이~여~~
므뉴~~ 부~르~다~내~가~ 죽~을~ 이~름~이~여~
모든 문장이 풍부한 공명을 지니도록 훈련한다.

⑥ 이제 '공명 바다' 눈금에 하나하나의 문장을 배치하고 음역을
변화시키며 훈련한다.

⑦ 므뇨~~~산~산~이~부~서~진~이~름~이~여~~~~
~를 읊듯이 하고 그 느낌 그대로 말하듯이 조금 천천히 산
산 히 부 서 진 이 름 이 여! 해본다.

한 호흡에 내뱉는 행은 그 안에 모든 음절이 같은 음역
에서 벗어나지 않게 하며, 모든 음절에 공명이 살아 숨
쉬도록 한다.

⑧ 므뇨~~~산~산~이~부~서~진~이~름~이~여~~~
~~ 산 산 히 부 서 진 이 름 이 여!
'**므뇨~~공명찾기**' → **읊듯이** → **말하듯**이 연결하며 훈련한다.
최초의 므뇨~~하고 공명할 때의 진동과 이완을 산 산 히 부
서 진 이 름 이 여 ! 말하듯 공명할 때도 변함없이 간직하도
록 해야 한다.

⑨ 말하듯 산 산 히 부 서 진 이 름 이 여! 소리 내며 '공명 바

다' 안에서 음역을 높이거나 낮추어가며 훈련한다.

진달래 꽃

① 앞서의 훈련 '산산히 부서진 이름이여~~'에서와 같이 공
명된 소리를 불러낸다. 공명된 소리를 불러냈다면 이제 아
래의 끊어읽기 표시에서 한 부분씩 말하듯 공명을 밀어낸
다. 끊어읽기 부분대로 '공명 바디' 눈금을 하나씩 올리거
나 내려가면서 음역의 변화를 주어 낭송해 보자.

② 나 보기가 역겨워

가실 때에는 /

말없이

고이 보내 드리오리다 /

영변에 약산 진달래꽃 /

아름 따다 가실 길에

뿌리오리다 /

가시는 걸음걸음

놓인 그 꽃을 /

사뿐히 즈려밟고

가시옵소서 /

나 보기가 역겨워

가실 때에는 /

죽어도

아니 눈물 흘리오리다 /

③ 이제는 ①번의 소리의 느낌을 기억하며 시 전체를 '자신이
느끼는 가장 편안한 소리('공명 바디'의 정중앙 눈금 부분)'

로 낭송해 본다.

④ 이제 처음부터 끝까지 시 전체를 읊으며, '공명 바디'를 오르내리며 낭송해 보자.

던지기

두 사람씩 마주서서 상대방을 향해 선다.

① 위의 '진달래 꽃'을 낭송하면서 각 행을 던지며 낭송한다.

② **나 보기가 역겨워!** ↗ 던지고, **가실 때에는!** ↗ 던지고, **말 없이!** ↗ 던지고……

이처럼 소리를 던질 때에는 마치 내 손안에 야구공이 있고 그 공과 함께 각행을 던진다고 상상한다. 즉, 손안에 있는 야구공이 나의 호흡이며 소리라고 생각한다. 큰 손동작과 함께 유연하게 나의 소리를 상대에게 날리자. 상대는 나의 소리를 받는 액션을 취해 준다. 소리가 강하게 날아오면 강하게 받고, 포물선을 그리면 아래에서 받고, 높이 뜨면 점프해서 받는다.

속삭이기

① '진달래 꽃'을 낭송하는데 한 행은 속삭이듯 작은 소리로 낭송한다.

② 두 번째 행은 강 건너의 친구에게 던진다.

③ ①, ②의 방법을 교차해서 시를 낭송한다.

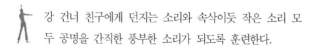

강 건너 친구에게 던지는 소리와 속삭이듯 작은 소리 모두 공명을 간직한 풍부한 소리가 되도록 훈련한다.

다섯 번째 훈련 단계
텍스트 만나기

우리들은 일상에서 복잡하고 섬세한 정서를 경험하고 이러한 정서는 신체적으로 반드시 어떠한 '제스처(gesture)'를 만들어 낸다. 여기에서 '제스처'의 의미는 어떠한 동작이 있는 움직임일 필요는 없다. 미세한 떨림이나, 호흡의 변화까지도 넓은 의미의 제스처라 할 수 있고 때론 '포즈'도 훌륭한 제스처가 된다.

그러나 우리는 일상생활 중에 우리 스스로가 어떠한 정서적 경험을 하고 어떻게 감정적 반응들을 보이는지 섬세하게 자각하기 어려운 경우가 많다. 그러나 연기자는 자신이 경험하는 심리·신체적 반응과 무의식의 세계까지 알아차리기 위해 잠재의식을 지배할 수 있어야하며 그 방법을 훈련해야 하는 것이다. 또한 이러한 섬세한 느낌들을 '언어 행동'으로 탄생시켜 음성으로 표현하는 능력을 가져야함은 당연하다.

우리는 지금까지 상상력을 불러일으켜 심리적 자극을 만들고 그 자극이 신체에 영향을 주어 호흡과 공명을 탄생시키는 과정을 경험하였다. 이제는 텍스트를 분석하여, 상황을 상상하고, 체험하며, 이미지를 그려내고, 캐릭터를 만들어 내는 등의 작업을 시작할 것이다. **즉, 호흡과 느낌을 결합하고 소리와 마음을 연결하는 작업을 시작할 것이다. 심리와 신체가 서로를 자극하고 부추길 것이다.**

아래의 훈련들은 연기자의 감성과 목소리를 적절히 연결시킬 수 있는 방법을 제시하고 있다. 우리가 이미 다양한 방법을 통해 익힌 좋은 소리를 위한 훈련들은 결단코 신체적인 기능만을 훈련하기 위함은 아니었다. 훈련의 과정 속에서 구체적 상황을 제시하고, 상상하며, 그것을 믿고, 충동을 불러올 것을 요구하고 있다.

이제 위에서 익힌 다양한 기술들을 하나로 통합해가는 과정이다. 연기자는 그간 훈련한 많은 기술들을 하나의 시스템 안에 연기예술로 통합시킬 수 있어야 한다.

만약 연기로 통합되어 사용되지 않는다면 그 기술은 아무런 소용이 없는 것이다. 우리는 따로 관객에게 공명 능력이나 호흡 훈련 자체를 선보이는 일은 결코 없을 테니까 말이다. 이제 본격적으로 훈련을 통해 얻은 기술들을 텍스트 안에서 유기적으로 결합시켜 보도록 하자.

희곡의 대사를 훈련하기에 앞서 시와 소설의 낭송을 그 전단계로 다루려는 데에는 그만한 이유가 있다. 흔히 작가들이 가장 쓰기 어려워하는 장르를 희곡이라고 한다.

희곡은 대사로만 모든 상황이 설명되어 있는 보물지도 같은 텍스트이다. 그 행간의 의미와 사건의 진위, 인물의 성격을 오로지 대사로만 알아내야 하는 것이다. 이러한 암호 투성이인 보물지도를 해독할 수 있는 능력은 그냥 쉽게 얻어지는 것은 아니다. 암호 해독능력을 키우기 위해 우리는 시와 소설을 그 훈련 교본으로 이용해 보자.

시는 일상에서 느끼는 잡을 수 없는 감정의 실체들이 언어적 마술로 태어나 생생히 살아 숨쉰다. 우리는 절제되어 있으며 일상 속에 철저히 감추어진 희곡의 대사 속에서보다, 시를 통해 감정과 정서적 충동을 훨씬 쉽게 찾아낼 수 있다. 그리고 시안에 살아 숨쉬는 추상적인 정서를 음성으로 형상화해내는 과정 안에서 많은 언어적 기술들을 익힐 수 있을 것이다.

소설은 작가의 친절한 해설이 있다. 그 인물과 상황에 대한 구체적인 작가의 설명과 묘사를 통해 우리는 희곡보다 조금은 수월하게 상황과 갈등, 주인공의 내면과 인물간 관계의 진실들을 알아낼 수 있다. 우리가 상상력과 해석을 통해 찾아내야 할 많은 부분이 작가에 의해 이미 던져져 있는 것이다.

우리는 이러한 친절한 작가의 해석을 발판으로 텍스트에 쉽게 다가설 수 있을 것이다. 또한 대사만으로 이루어진 희곡에서 찾아보기 드문 상황묘사와 심리묘사, 분위기 등을 '음성 연기'로 표현해봄으로써 적극적인 '언어 행동'을 훈련하는데 더없이 훌륭한 재료가 될 것이다.

따라서 일반적으로 생각하는 '시낭송'과는 그 목적이 다르며 철저히 연기자를 위한 훈련을 그 목표로 활용될 것이다. 소설의 경우에는 조금 더 낯설게 느껴질 수도 있으나, 시에 비해 현실적인 '제시된 상황'과 '사건'의 체험, 갈등 만들기, 인물 창조와 구현이라는 측면에서 '시 낭송'에서 체득한 기술을 좀 더 구체적으로 펼치고 발전시킬 수 있는 과정이라 할 수 있다. (허나 이러한 소설과 시의 낭송이 하나의 작품으로 완성되었을 때 그 자체만으로도 예술적 가치를 지니는 공연 형태로 존재할 수 있음을 잊지 말자.)

그러나 아래의 내용은 훈련의 텍스트로서의 의미로 적극 활용하고, 대사로만 이루어진 희곡을 연기하기 전 단계로 텍스트를 분석하고 해석해 '음성 연기'로 탄생시키는데 그 목표가 있다.

1. 시-음성으로 짓는 시

텍스트의 선택

마음을 강하게 두드리고, 잡아끄는 무언가가 나를 흥분시켜야 할 것이다. 나를 강하게 잡아당긴 정서를 표현하고자하는 욕구로 나의 '언어 행동'을 부추길 수 있어야 하기 때문이다. 시를 통해 나를 표현하고자 하는 충동이 선명하고 강렬할수록 우리는 내면의 구체적인 정서에 접근하기 쉬우며 내 마음에 이는 감정의 파도를 소리로 담아 발산할 수 있게 될 것이다.

물론 우리 연기자에게 항상 이러한 텍스트를 선택할 수 있는 행운이 주어지는 것은 아니다. 때로는 자신의 경험이나 상황으로는 도저히 상상조차 할 수 없는 인물, 혹은 상황을 연기해야 하는 순간도 맞닥뜨릴 것이다.

하지만 이러한 난처한 상황을 극복해 나아갈 수 있는 방법은 저절로 터득되는 것은 아니며 많은 언어적 기술들을 체득했을 때만이 가능할 것이다.

여기서 말하는 언어적 기술이란 단순히 외형적인 소리, 강세, 음역의 조절 등만을 말하는 것은 물론 아니다. 내면에서 발화점을 찾아 강한 충동을 만들어내는 과정을 말하며 외형적 기술에 못지않게 중요할 것이다.

이러한 기술을 익히는 첫 단계로서 우리는 왠지 모를 감정의 파도가 나를 뒤집어 버릴 듯한, 나에게 폭발할 것 같은 정서를 불러일으키는 텍스트를 선택하는 것이 중요하다. 그리고 이러한 감정의 실체가 무엇인지 파악하고 알아내는 것부터 훈련의 시작인 것이다. 막연함을 조각하여 구체적인 정서로 만드는 작업 과정에서 연기자는 자신의 잠재의식 속에 산재해 있는 감정의 실체들을 만나고 경험하는 정서적인 작업을 수행해 나갈 것이다.

다음으로 그러한 충동들로 가득 찬 무형의 재료를 눈앞의 영상으로 생생하게 창조하여, 언어로 그림을 그려보는 과정을 체험하게 될 것이다.

시의 낭송에서 텍스트를 선택할 때 무엇보다 가장 중요한 것은 나를 강하게 흔들어 내적인 충동을 만들어 낼 수 있는 것이어야 하며, 이러한 측면에서 뚜렷한 정서를 담고 있고, 개성이 있으며, 이야기의 주제가 명확하여 화자의 입장이 선명하게 제시되어 있는 것을 고르는 것이 중요하다.

나의 파트너는 누구인가?

시를 낭송하는 목적은 나의 정서를 상대방과 나누고 나의 생각을 교류하며 나의 시가 듣는 이에게 구체적이고 표면적인 '제스처(gesture)'를 만들어 내도록 하는데 있다. 즉, 그 시를 읽기 전과 읽은 후의 듣는 이의 정서 흐름을 바꾸는데 있는 것이다. 또한 정서를 흐름을 바꾸어 전혀 새로운 감성의 세계로 그들을 움직이고, 새로운 정서적 체험으로 그들의 호흡과 표정에 새로운 에너지를 불어 넣는 것이다.

관객을 따돌리고 혼자만 만족하는 자신만을 위한 낭송이 무슨 의미가 있겠는가? 그렇다면 조용한 방에서 혼자 시를 음미하면 그만일 것이다. 관객과의 '상호 교류'는 무엇보다도 중요하다고 할 수 있다.

시의 낭송에서 나의 상대 배역은 관객으로 설정해야 한다. 그렇다면 그들이 누구인지 설정해야 하지 않을까?

자신의 시를 너무나도 들려주고 싶은 누군가로 설정하라!

시의 내용과 정서에 따라 달라질 것이다. 자신이 짝사랑하는 사람일 수도 있고…… 자신이 증오하는 누구일 수도 있고…… 자신에게 냉소적인 세상일 수도 있고…… 자신을 죽음으로 이끄는 공포스런 존재일 수도 있으며…… 그리운 어머니이기도 하고…… 때론 나 자신일 수도 있을 것이다. 역시 구체적으로 설정하는 것이 중요하겠다.

눈을 맞추고 이야기를 건네고, 아니면 부탁하고, 증오를 퍼부울 수 있는 대상이 누가 될 수 있을지 자신이 선택한 텍스트의 제시된 상황에 맞게 설정해 보자. 어떤 대상으로 설정하면 나의 시가 더욱 더 살아 쉽쉬고 흥미로워지며 나를 자극할 수 있을 것인가?

무슨 이야기를 하고 싶은가?

이 질문은 듣는 이가 구체적으로 어떠한 생각을 이 시를 통해서 가지게 될 것인가? 하는 물음에서 출발하는 것이 좋다. 이 질문은 내가 어떠한 언어적 의지를 가지고 이 시를 낭송하고 있는 것인가? 하는 물음과도 맞닿아 있다. 보통 이러한 질문을 받은 연기자가 빠질 수 있는 함정은 자신이 느끼는 감정을 막연히 생각하는 경우가 많다.

예를 들어 쓸쓸함이라던가, 허전함, 공포라고 대답하는데 그러한 감정은 출발이 될 수 있지만 행동이 될 수는 없다. 이러한 질문에는 당연히 정답은 존재할 수 없겠지만, 어떻게 하면 주어진 텍스트를 독특한 시각과 해석을 가지고 구현할 것이냐? 하는 문제에 있어 분명히 명확한 이성적인 접근이 이루어져야 한다. 쓸쓸함이나 공포 자체를 전달하거나 표현해 내려고 하는 것은 무모할 뿐 아니라 가능하지도 않기 때문이다.

아무리 내가 쓸쓸하다고 1,000번을 되뇌어 말하여도 그 정서를 불러일으킬 수 있는 구체적 기술들 즉, '제시된 상황'이라든지 '내면독백(subtext)' 등에 관한 연구가 없으면 불가능하기 때문이다.

따라서 시의 여러 단어와 문장의 구조, 음률적 형태들을 고려하고 자신의 내면의 감정과 연관해서 어떠한 이야기를 만들어 낼 것인가에 대한 연구가 필요하다. 이러한 과정은 똑같은 시라 하더라도 수천 수만 가지의 해석을 가져올 수 있는 것이다.

시는 관념적이고 담는 그릇에 따라 변화할 수 있는 액체 같은 것이다. 배우는 자신만의 그릇에 그것들을 담아내고 듣는 이는 배우의 정서를 나름의 에너지로 받아들이고 내면의 정서적 작용을 통해 새로운 정서를 만들어 내는 과정을 경험한다.

그러나 듣는 이의 정서적 참여를 적극적으로 유도해내기 위한 중요한 방법 중에 하나로 무슨 이야기를 할 것인가? 관객에게 무엇을 원하는가? 즉, 긍정적인 동의를 구하는 것인지, 화자의 안타까움에 대한 위로 인지, 혹은 화자(연기자)와의 화해인지 등을 명확하게 하는 과정이 중요하다. 아래의 구체적 텍스트와 함께 자세히 살펴보도록 하자.

일인칭으로　시작하자

연기자는 배역에 대한 접근 방법에 있어 항상 일인칭으로 접근하여야 한다. 물론 서사극에서의 '소외 효과'처럼 특별한 효과를 위해 배역이 연기자와 분리되어야 할 때도 있지만, 이런 특수한 경우를 제외하고 현대극을 연기함에 있어서 대부부의 경우 모든 배역은 일인칭으로 접근한다.

따라서 시 속에서 제기되는 모든 질문과 '제시된 상황' 등을 일인칭으로 해석하여 자신에서 출발함을 기본으로 한다. 굳이 스따니슬랍스끼의 '만약에~~~ 나라면'을 적용하지 않더라도 연기자는 시를 쓴 시인의 마음을 이해하려는 노력에서 출발해서 결국 시를 읽는 순간 자신의 느낌으로 충동을 발화하는 것이 중요하다. 따라서 모든 질문에 '나는~~하다', '나는~~ 하고 싶다' 등으로 생각하도록 하자.

영화 감독이 되어 상황을 촬영 한다면?

연기자는 자신의 목소리를 가지고 아름다운 영상, 혹은 공포스런 영상 등 구체적인 하나의 장면을 듣는 이의 마음 속에 이미지로 떠올려야 한다. 그러기 위해서 연기자는 먼저 자신의 마음속에 영화 필름처럼 선명한 영상을 볼 수 있어야 한다. 연기자는 모든 감각과 이성적인 작업을 총동원해 상상력을 확장시키고 자신의 시가 들려주어야 할 내용에 합당한 영상을 창조하는 영화 감독이 되어야 한다. 그러한 영상은 호흡으로 생성되어 진동을 만들고 공명이 되어 음악으로 연주되어야 한다.

예) 남으로 창을 내겠소

남으로 창을 내겠소
밭이 한참갈이
강냉이는 그냥 와 자서도 좋소
구름이 꼬인다 갈 리 있소
왜 사냐건 웃지요

위의 시의 영상을 만들어 보자.

어떤 창이 떠오르는가? 어떠한 밭인가? 무엇이 심어져 있는가? 아침인가 저녁인가? 어떤 계절인가? 풍성한 가을이라면 어떨까? 어떤 이웃이 찾아와 강냉이를 나누어 먹는가? 여자인가? 남자인가? 그 이웃은 어떤 미소로 자신을 바라보는가?

「이웃의 평화로운 웃는 모습에서 화면이 점점 빠지며 풀샷이 되고 멀리 동네 풍경이 보이고 굴뚝에서는 밥 짓는 연기가 모락모락 피어나고 개 짖는 소리도 들린다. 비온 뒤에 상쾌한 공기는 코끝에 차갑

게 스치고 땅은 말랑말랑하게 젖어 있고, 걸을 때마다 발자국이 하나
하나 찍힌다……」

각자 자신에게 떠오르는 이미지를 구체적 영상을 만들어 보자.

'내면독백(subtext)'를 찾아내자

'내면독백(subtext)'을 파악하는 습관은 매우 중요하다. 그것은 매순
간 연기자에게 자유롭고 자연스러운 목소리를 만들어 내게 한다. 뿐
만 아니라 연기자의 정서의 진실을 만드는 비밀의 열쇠같은 것이다.
이는 연기자는 텍스트 밑에 잠재된 의미와 인물의 내면, 나아가 연기
자의 무의식까지 알아낼 수 있는 열쇠인 것이다. 이 방법은 연습을
시작하는 단계에서 텍스트를 분석하고 정서를 만들어가는 과정에서도
중요하지만, 공연 중에 연기자가 빠질 수 있는 매너리즘에서 구해준
다. 연습이 반복됨에 따라 자신도 모르게 축적되는 습관적인 연기와
정형화되어 버리는 틀 같은 것에서 배우를 구해내는 수단인 것이다.

예) 보여줄 수 있는 사랑은 아주 작습니다

그대와 나의 관계는 내 삶 속에서 가장 아름다운 것입니다.
내가 알고 있는 어떤 이의 삶을 통해 보아도 더 이상 아름다
운 관계를 나는 알지 못합니다.
그것은 영원할 것입니다.

'내면독백' 찾아보기

【설정 1】 사랑하는 사람을 이제 더 이상 볼 수 없게 되어, 이 얘기
를 꼭 해주고 싶었다면?

당신에게 이제는 더 이상 말할 수 없지만 이렇게라도 얘기하고 싶어요. 당신과 나의 사랑은 그 무엇보다도 아름답고 소중합니다. 당신도 나의 사랑을 알고 있지요? 당신도 날 그리워하겠지요! 내가 알고 있는 어떤 사람들보다도 우리는 서로를 사랑했습니다. 그것이 불행으로 끝났다하여도… 그리고 난 당신을 영원히 기억할 것입니다.

【설정 2】 자신의 사랑을 몰라주는 상대에게 답답하고 분노가 인다.

당신은 정말 바보 같습니다. 우리는 누구보다도 아름다운 사랑을 하였습니다. 그런데 당신은 그것을 알지 못하는 군요. 당신은 기억 하지 못한다 해도, 난 당신과 나의 사랑이 너무 아름다웠다고 외칠 수 있습니다.

당신이 그걸 끝내 깨닫지 못해도 난 당신을 사랑합니다. 그리고 그걸 모르는 당신은 바보 입니다.

 두 가지의 확연히 다른 '내면독백' 텍스트를 가지고 위의 시를 낭송해 보자. 전혀 다른 분위기가 만들어 질 것이다.

'언어 행동'을 찾자

우리의 언어에는 수천 수만 가지 행동이 존재한다. 우리는 언어로 사람을 때릴 수도, 안아줄 수도 있고, 밀칠 수도 있으며, 외면할 수 도 있다. 이러한 섬세한 '언어 행동'은 우리가 일상생활을 하면서 무 의식 중에 매일 매일 능숙하게 사용하고 있다. 그러나 정해진 시공간 에서 가상의 현실을 연기해야 하는 순간이 오면 우리는 마치 한번도 그러한 것을 사용해 본 적이 없는 것처럼 꼼짝없이 굳어버리고 만다.

이유는 여러 가지가 있겠지만, 첫째는 자신의 충동의 신체·심리 적 표현을 억압하는 긴장으로부터 해방되어야 할 것이며, 둘째는 이

러한 충동을 받아 자유롭고 풍부하게 표현해낼 수 있는 신체적 기술
이 필요할 것이다.

　대개 '연기를 못한다'고 하는 것은 연기를 못한다기보다는 '무엇을
해야하는지 모른다'고 표현하는 것이 더 옳을 지도 모른다. 쉼 없는
정서와 생각의 노동인 연기에 있어서 정서를 '행동'으로 실행해내는
것은 무척 중요하다. 마음 속에 어떠한 정서적 충동의 불씨가 느껴지
고 이야기가 탄생되려고 한다면 그것을 마구마구 커다랗게 만들라.
그리고 그 충동이 어떠한 생각과 언어적 행동을 불러일으키는지 경험
해 보라. **충동 자체를 연기할 수 없지만, 그 충동은 반드시 어떠한
언어적 행동을 생산할 것이다.**

'장애'를 만들자

　우리는 수월하게 문을 열고 나가는 사람보다는 가방을 잔뜩 들고
위태위태하게 문을 열고 나가는 사람의 행동에 훨씬 흥미를 느낀다.
마찬가지로 텍스트 안에 많은 장애 요소를 설정한다면 그것을 극복
하는 연기자의 행동은 흥미로워질 수 있으며 그러한 장애는 심리적
으로도 많은 갈등을 빚어내고 그 갈등은 연기자의 심리를 단순하지
않고 복잡하고 풍부하며 깊이있게 인도할 것이다.

　　예) 그대가 곁에 있어도 나는 그대가 그립다

　　　　물 속엔 물만 있는 것이 아니다
　　　　하늘엔 그 하늘만 있는 것이 아니다
　　　　그리고 내 안에는 나만이 있는 것이 아니다
　　　　내 안에 있는 이여
　　　　내 안에서 나를 흔드는 이여

내 깊은 곳에 흘러서
은밀한 내 꿈과 만나는 이여
그대가 곁에 있어도
나는 그대가 그립다

제시된 위의 시에 장애를 만들어 보자.

장애 요소의 설정은 다양한 방법으로 가능하다. 화자에게 '신체적인 장애'와 '심리적인 장애'를 설정할 수 있다.

화자(연기자)가 사랑하는 연인에게 이 말을 꼭 해주기 위해 1,000미터 정도의 거리를 달려왔다는 '신체적 장애'를 설정해 보자. 이 말을 하고 싶은 욕구는 너무나도 크나, 이 말을 해내기에는 아마 숨이 찰 것이다. 이러한 호흡의 장애가 화자의 의지를 더욱 간절하게 보이게 하고, 숨이 찬 것을 극복하고 자신의 사랑을 전달하려는 화자의 행동이 매우 흥미로워질 것이다.

이제 '심리적인 장애'를 만들어 보자. 화자가 이런 얘기를 하고 싶은 사람이 이미 얼마 전에 세상을 떠났다고 가정해 보자. 화자는 이야기만 하고 싶었으나 하지 못했고, 그 사람의 무덤 앞에서 이 시를 낭송한다고 가정하자. 이러한 '심리적 장애'의 설정으로 연기자의 내면은 훨씬 더 심한 정서적 파동을 겪을 것이고 이에 따라 호흡과 발성은 더욱 드라마틱해질 것이다.

거꾸로 '행동하자'

우리의 일상을 가만히 들여다보면 우리는 '내면독백'대로 외형적 행동을 하지 않을 때가 무척 많다.

그러나 연기를 할 때는 내면과 외면을 단순히 일치시켜 행동을 창

조해 지루하고 단순한 연기를 만들어 내기 일쑤이다. 과감히 '내면독
백'과 외형의 표현을 충돌시켜 보자. 그 과정 속에서 연기자의 소리
는 흥미롭게 반응할 것이다.

예) 선운사에서

> 꽃이 피는 건 힘들어도
> 지는 건 잠깐이더군
> 골고루 쳐다볼 틈없이
> 잎 한번 생각해 볼 틈없이
> 아주 잠깐이더군
> 그대가 처음 내 맘속에 피어나는 것처럼
> 잊는 것 또한 그렇게 순간이면 좋겠네
> 멀리 웃는 그대여
> 산 넘어가는 그대여
> 꽃이 지는 건 쉬워도
> 잊는 건 한참이더군
> 영영 한참이더군

이 시를 낭송하는 연기자가 내면에 강한 분노를 지니고 있다고 상
상해 보자. 삶에 대한 배신감과 쉽게 변해 버리는 인간의 마음으로
깊은 상처를 안고 시를 낭송한다고 가정해 보자. 그러나 외면의 표현
은 마치 아무렇지도 않은 듯, 그러한 모든 현실을 받아들인 듯 이야
기한다고 생각해 보자. 심지어 아주 만족한 듯…… 그렇다면 연기자
의 외면과 내면이 강렬히 충돌하고 연기자의 표현에 신비감과 깊이
가 더해질 것이다.

또한 관객은 이 시를 낭송하는 연기자의 내면의 진실에 더 많은

흥미를 갖게 되고, 연기자는 사랑의 상처와 아픔이라는 주제를 전형적인 정서로 지루하게 연기하는 것에서 벗어날 수 있다.

나의 소리는 상대에서부터 시작된다

다시 말하면 나의 호흡은 상대에서 시작된다.

우리는 흔히 대사를 하거나 시를 낭송할 때 자신의 감정에 빠져서 관객이 느껴야 할 여분의 정서를 남겨주지 않고 혹은 관객은 저 뒤에 남겨둔 채 혼자서 씩씩하게 앞으로 걸어가 버린다. 거리가 많이 벌어진 것을 느낀 관객은 같이 가기를 포기하고 그 자리에 서서 유유히 앞을 향해 걸어가는 배우를 야속하게 바라볼 때가 있다.

나의 언어는 엄밀히 말하면 반응이다. 상황과 상대방에 대한 반응으로 생성되는 것이다. 그것이 꼭 언어가 아닐지라도 바람소리이든 혹은 문득 느껴지는 한기이든 간에 우리의 언어는 충동에서 만들어지고 그러한 충동은 대부분의 경우 외부적인 자극으로 생성되어진다.

그러나 이러한 과정을 무시하고 모든 정서를 자신 안에서 자가 발전해서 생산해 낼 때 그 소리는 살아 있기 힘들고 미리 계획된 정서에 의해 움직이는 죽어 있는 것이 되기 쉽다.

우리는 오감을 열고 상대방이나 어떤 대상과의 교류를 놓치지 않기 위해 노력해야 하며 그것이 만들어 내는 진실한 반응으로부터 우리의 소리가 시작되어야 한다.

2. 시로 배우는 '음성 연기' 수업

아래의 예시는 실제로 수업 시간에 학생들과 실습하고 경험한 내용을 이해하기 쉽게 정리하여 옮겨 놓은 것이다. 연기자의 작업이라

는 것은 예민한 정서를 그 재료로 하기 때문에 이론적인 숙지만으로
는 그 비밀스럽고 신비한 과정을 체험하기 어렵다. 연기자가 마음을
열고 자신의 몸과 의식의 대화를 시작하는 외로운 과정을 체험할 때
만이 가능하다.

아래의 과정은 그러한 순간의 체험을 담고 있다. 물론 개인에 따
라 그 체험의 방법은 모두 다르고, 그 테크닉 또한 적절히 훈련하여
익혀야 하겠지만, 아래의 사례를 통해 앞서의 이론적 개념들의 적절
한 예시를 발견할 수 있으며, 그 접근 과정을 간단하게나마 엿볼 수
있을 것이라 생각한다.

1) 파란 대문

그때, 철판같은 견고한 어둠 한 장이 내렸다
엄마가 내게 나직이 말했다 애야
누구든지 자기 안에 파란 대문이 있단다 네 안을 들여다보렴.
나는 내 안에 얼굴을 파묻고 날 들여다 본다.
가만히 바라보니, 파란 대문 하나가 떡 버티고 있었다.
흔들어보아도
꼼짝도 하지 않았다
하지만 엄마, 문이 잠겼어요
걱정 말아라 네 마음을 그 열쇠구멍에 꽂고 힘껏 비틀어 보렴.

그러나 나는 너무 녹슬었어요 엄마, 온통 붉은 꽃 투성인걸요
아니란다 이 세상에 꽃을 피우지 않는 것은 하나도 없는 거란다.
보거라 저 공중에 네 숨결마저도 아름다운 무늬꽃을 피우고 있지
과연 바라보니, 내 숨결의 물빛 붓꽃이 투명한 공기알을 잔잔히
흔들고 있었다.

나는 굳게 닫힌 파란 대문에 열쇠 구멍에 나의
마음을 꽂고는 힘껏 비틀었다 그러자 저편
시간의 태엽이 해제되는 소리가 들렸다 순간, 내 마음의
경계선이 모두 지워져버렸고 내 생각의 안팎이 무너져버렸다
촘촘한 두려움의 경계가 훨훨 날아가버렸다 그리고 더 이상
파란 대문은 내 안 어디에도 존재하자 않았다

　　　　　　　　　　　　　　　　　　　　　　　　- 신지혜

　A는 여성임에도 불구하고 풍부한 가슴 공명을 사용하고, 호흡기관이 잘 개발되어 있고, 혀와 입술의 움직임이 좋고 언어적인 감각이 뛰어나다. 나는 A에게 이 시를 통해 정서를 최대한 극대화시켜 확장시키기를 주문하였다. 그 과정을 통해 A가 자신의 음역의 확장을 경험하고 확장된 음역 안에서 자신의 소리를 조율하여 감정과 함께 연주할 수 있도록 하기 위함이었다.

　그러한 목표를 위해서 우선 A의 감정이 격렬해 질 수 있는 '제시된 상황'의 선택이 필요하다. 먼저 구체적인 질문들을 통해 시가 가지고 있는 정서를 최대한 주관적인 체험으로 이끌어 내기 위해 질문을 해 보았다.

　"시는 다분히 주관적인 감정을 담고 있고 은유적인 표현들로 가득 차 있어. 그 행간에 수많은 이야기를 담아 낼 수 있고, 담는 그릇에 따라 수없이 그 모양과 색깔을 달리 할 수 있는 액체 같은 것 같아. 이제 우리는 오감을 총동원하고 상상력을 이용하여 이 시에 딱 맞는 그릇을 찾아 담아내보도록 하자."

　"A는 왜 이시를 통해 관객과 만나고 싶었지? 무슨 이야기를 하고

싫었지?”

  나는 항상 텍스트를 선택할 때 자신의 마음을 두드리는 무언가를 발견할 수 있는 것, 나를 흥분시키는 무엇이 있는 시를 선택하라고 누누히 강조해 왔다. A는 이러한 질문에는 이미 준비되어 있는 듯 손짓을 해가며 자신의 감정을 열심히 설명하였다. A의 대답 안에 솟구치는 열망이 어렴풋이 보였고, 자신의 일상 안에서 느끼는 미래에 대한 막막함이나 답답함 같은 것이 이 시가 지닌 정서와 맞아떨어져 흥미를 느끼는 듯 하였다.

  “파란 대문은 내 자신이 겪고 있는 마음속의 장애, 고뇌…… 음… 앞이 온통 막힌 것 같을 때의 고통같이 느껴져서 마음에 와 닿았어요.”

  다음 질문이 필요 없었다.
  A는 이미 시에 구체적이고 주관적 정서들을 개입시키고 있었다. 이미 작업이 시작되어 있었다. 나는 A안에 그러한 정서들이 좀더 구체적으로 살아 숨쉬게 하기 위해 **‘영상 촬영’**을 제시하였다.

  “그럼 구체적으로 어떤 상황인지 그 상황을 연출해 보자. 지금 어디에 서 있니? 무엇이 너의 눈앞에 보이지?”

  “저는 새로운, 처음으로 보게 된 어떤 낯선 길에 서 있어요…… 근데 주변이 점점 어두워지고…… 캄캄해 졌어요. 갑자기 전기가 나갔을 때 느껴지는 공포 같은 거예요. 제 눈앞은 정말 캄캄해요.”

"그럼 무슨 소리가 들리니?"

"아뇨, 너무 조용해요. 근데…… 엄마가 어딘가에서 절 부르는 것 같아요……"

"어느 방향이니?"

"모르겠어요. 두리번거리는데 알 수 없어요."

A는 점점 상황을 명확하게 그리기 시작했고 자신이 창조한 영상 안에 자신을 들여놓고 있었다. 이제 나는 그녀에게 눈을 감고 앞으로 걸어 나와 나의 손을 잡아 보라고 했다. A는 의심없이 눈을 감고 나를 향해 걸어 와서 나의 손을 잡으려 했으나 사실은 전혀 다른 방향으로 가버렸다.

"눈을 감고 걸을 때 너의 호흡이 변하는 것을 느낄 수 있었니? 캄캄한 어둠 속에서 답답함과 공포로 너의 호흡이 변화했다면 그 호흡을 이 시의 도입 부분에서 환기해 보면 어떨까?"

A는 동의 했고 진지하게 시도해 보았다.

「그때, 철판 같은 어둠 한 장이 내려앉았다.」

"그만" 하고 나는 A를 멈추게 하였다. 단순히 기계적으로 호흡을 기억하려고 애쓰고 있었다. 그러한 출발은 A에게도 듣는 이에게도 싱거울 수밖에 없다.

"다시 한번 시도해 보자! 이제 그 호흡을 만들어낸 정서를 생각해 보자. 그런 유사한 답답함이나 공포를 느끼는 순간이 있었니? 언제였지?"

A는 대학입시 때 불안감이 절정에 달했던 순간들을 떠올리기 시작했다. 이내 그녀의 얼굴은 새빨갛게 달아오르며 호흡이 변하고, 호흡의 변화는 그녀의 소리를 흔들어 놓았고, 목소리까지 떨려 왔다.

A가 성공적으로 '정서의 환기'를 경험하였고 A도 자신이 만들어낸 심리와 신체적 변화들을 체험한 순간들이 기쁜 것 같았다. 연기자가 느낄 수 있는 최고의 희열을…… 그 멋진 순간을 A가 조금은 맛본 듯 하였다.

"이제 그러한 정서들에 옷을 입혀 보자. 구체적인 **'언어 행동'**을 만들어 보자."

"공포를 느낄 때의 호흡이라고 해서 실질적으로 기관에 긴장을 주어 소리를 잡으면 안 되기 때문에, 정서를 잃지 않으면서도 좋은 소리를 간직하는 방법도 함께 찾아 보자."

"그래, 도입부 전에 어떤 급박한 일이 있었다는 느낌이 전달되어 왔어. 물론 그것이 무엇인지 관객들은 구체적으로 알지 못한다 해도 화자가 충분히 그 사실을 상상하고 보고 있다면 그 느낌이 전달되어 오게 되지."

"기술적으로 호흡을 마시고 멈추어 있다가 '그 때'를 시작하면 좀 도움이 될 수 있을 거야. 어떠한 사건으로 경험하고, 이미 호흡을 멈추고 시작하는 거지. 어떤 이야기의 처음이 아니라 중간부터라는 느낌을 주게 되어 관객은 주위가 환기되어 쉽게 연기자의 정서 속으로 이입될 수 있고, 연기자는 사건을 안고 시작하기에 훨씬 흥미로운 정서적 상태에 자신을 놓아두게 되지. 공명은 조금 더 낮은 음역으로 확장해 보자. 호흡 하복부 밑으로 끌어내린다 생각하고, 가슴의 공명을 더 사용하여 보자.”

하지만 A는 정서와 함께 신체적인 인식을 갖는 것에 혼돈을 느끼고 있는 것 같았다. 정서에 집중하면, 소리가 작아지고 공명이 사라지는 것을 느낄 수 있었다.

많은 연기자들이 연습과정에 겪는 난관일 것이다. 이것은 하루아침에 습득되는 부분은 아니다. 꾸준한 훈련을 통해 나의 자율 신경계가 반응하도록 노력하여야 한다.

“그럼 이제 비트가 나뉘어지는 부분이 어디일지 살펴보자! 내 생각엔 ‘엄마’의 등장은 새로운 인물이 등장하는 것이므로 다르게 시작되어야 할 것 같은데, 비트가 나눠지면서 다른 템포, 리듬, 강조점이 드러날 수 있는 거야. 지금은 물론 초기 단계로서 정서를 분석하고 찾아가는 단계이지만 연습을 거듭하다보면 자연스럽게 내면의 심리 변화에 따라 스스로 리듬, 템포, 강조점들을 변화시키는 것을 경험하게 될 거야.”

“제일 좋은 것은 배우가 그 장면을 머리 속에 마치 스크린을 보듯이 정확히 보는 것이지. ‘철판’이란 단어를 살아있는 철판으로 만들기 위해서는 어떻게 생기고, 어디에 있는 철판인지 구체적으로 상상해 내지 않으면, 죽어 있는 철판일 수밖에 없단다. 철판을 소리냄과 동시에 철판의 차갑고 무거운 느낌을 생각해 보자.”

“호흡이 변화하고, ‘어둠 한 장이 내렸다~~~’ 할 때에는 내 호흡을 다 빼고 진공 상태를 만들어, 날숨하고 싶은 심리적 욕구를 연기자가 안고 있는 심리적 답답함과 연결시켜 보자.”

A는 눈을 감고 최대한 집중하여 상상력을 짜내려 하였지만 무언가 자꾸 그녀의 집중을 방해하는 것 같았다.

"저돌적인 집중의 에너지가 필요하다. 그저 보통의 집중으로는 그 상황 안으로 나를 인도할 수가 없지.

자신이 시 속의 구체적인 상황 안에 이미 들어가 있다면 엄마의 어떤 어조와 말투가 자신의 귀에 들릴 것이며, 그러면 어떤 정서가 불러일으켜지고, 엄마의 말에 반응하려 고개를 돌리는 너의 신체적 행동은 언어 행동을 창조하고 말의 속도라든지 대답이 떨어지기까지의 시간 등이 다 다르게 결정될 거야."

A는 그 상황을 자꾸 어투와 동작으로 어떻게든 설명하려고 애를 썼다.

"상황을 '설명'하려고 하지 마라. 자신이 '나는 지금 이렇게 괴롭다'고 설명하지 않아도 앞에 있었던 너의 좌절이 진실되고 절실했다면, 네가 그토록 악을 쓰거나 억지로 무언가를 만들어 내려 하지 않아도 우리에게 그 느낌이 전달될 거야."

"예를 들어 교회에서 간증하는 사람들을 봐. 그 사람들이 어떻게 그렇게 간증하는 순간에 복받치고, 잘 울기도 하면서 자신 내부의 감정을 실감나게 쏟아 놓을 수 있는 걸까? 간증을 하면서 자신의 경험을 그 순간 리얼하게 보고 느끼며 다시 체험하고 있기 때문이지. 물론 시는 이런 예와는 다르게 그 안의 많은 은유를 담고 있어 표현한다는 데에 어려움이 있겠지만, 그래서 더욱더 시와의 만남이 효과적인 거란다. 시의 은유들을 구체적으로 그려내려 하는 것이 훈련되면 소설이나 희곡은 더 많은 정보가 주어지게 되므로 한결 더 쉽게 구현할 수 있으리라 생각한다."

"읽는 도중에 집중된 상상으로 인해 자기도 모르는 순간 '체험'하게 되면 너의 신체가 당연히 그에 따라 반응하고 변하는 것을 알 수 있을 거야. 예를 들어 그저 가만히 있는 죽어 있는 철판이 아닌 위에서부터 내려 꽂는 철판이 보인다고 하자. 호흡이 멎었다가 두 배로 빨리 뛸 것이고, 손에 땀이 날 수도 있으며, 자신도 모르게 얼굴을 가릴 수도 있는 거지."

"생생한 '영화같은 영상'을 만들어 낸다면 체험을 이끌어낼 수 있는 힘이 생기지."

'체험'의 단계까지는 가지 못하였으나 무대 위에서 A는 시작할 때보다 두세 배로 집중하고 있었고, 우리 모두가 그 에너지를 느낄 수 있었다

2) 무서운 시간

거 나를 부르는 것이 누구요

가랑잎 이파리 푸르러 나오는 그늘인데,
나 아직 여기 호흡이 남아 있소

한번도 손들어 보지 못한 나를
손들어 표할하늘도 없는 나를

어디에 내 한 몸 둘 하늘이 있어
나를 부르는 것이요

일 마치고 내 죽는 날 아침에는
서럽지도 않은 가랑잎이 떨어질 텐데……

나를 부르지 마오
                                                          - 윤동주

  B의 낭송은 읽는 속도가 너무 빨라 음미할 수가 없다. 많은 사람들 앞에 서있다는 자의식과 무언가를 낭송하여야 한다는 긴장이 B의 낭송 속도를 빠르게 부추겼으리라.
  천천히 읽는 것은 생각보다 쉬운 것은 아니다. 천천히 읽는다는 것은 화자(연기자)가 자신의 정서를 그 여백 안에 채워 넣을 수 있을 때 가능하다.
  연기자가 텍스트 안에서 '무엇을 할 것인가'에 집중하지 않고 '어떻게 할 것인가'에 공을 들여 감정을 설명하려 하고, 만들어내려 할 때 텍스트는 그 생명력을 잃고, 여백은 공허하고, 포즈는 지루할 것이다.
  허나 이러한 지적이 B의 긴장을 초래할 수 있으므로 모른척 질문을 시작하였다.

  "B야 무엇이 널 건드렸니?"

  B은 자신 있게 자신의 느낌에 대해 말했다.

  "화자의 살고 싶은 욕망…… 더 구체적으로 자신이 죽을 것을 알지만 한 가닥 희망이라도 잡고 싶은 화자의 두려움같은 것을 느꼈습니다."

B의 대답은 정직했다. 물론 정직한 것이 나쁜 것은 아니지만 그 정직함이 사물을 한 방향에서 밖에 보지 못하게 한계를 만들어 버리는 경우도 있기에, 난 B의 생각의 경계를 허물고 상상력을 자극하기 위해 질문을 이어갔다.

"우리의 창조 작업의 지향점은 최초 나를 흥분시킨 정서의 실체를 밝혀내어 무형의 구체적이지 않은 것들을 어떻게 해서든 연기자의 작업을 통해 유형의 것으로 만드는 것이야.

즉, 여러분 마음속에 일어난 그 추상적 감정, 물론 때론 아주 구체적기도 한 그것을 듣는 이(관객)의 가슴에도 살아나게 하는 것이 우리의 일이기 때문이야."

"그저 막연한 느낌, 감각, 정서가 이야기를 담아내고 구체적인 내면의 드라마로 변형되어 존재하지 않으면 막연한 느낌, 그 자체로는 전달될 수 없지.

그러나 연기자 자신도 그것이 무엇인지 한번에 알아낼 수는 없어. 따라서 이러한 복잡하고 과학적인 창조 과정을 거쳐야 하는 것이지. 여러분이 느낀 최초의 감정, 막연한 두려움이라든가, 공포 같은 것들은 그 자체로 전달되어질 수 없어."

"지금 너의 상태가 구체적으로 어떤 것이라고 상상했지?"

"화자가 병들었다고 생각했습니다. 이 사람은 죽음과 삶의 경계에 있는데, 왜 나는 여유롭고 몸도 성한데 이렇게 게으르고 열심히 살지 못하는지."

"잠깐! 일단 화자와 자신을 분리시키지 말고 '**1인칭의 나**'로 시작하는 것이 좋아. 그래야 구체적인 감정을 끌어낼 수 있어. 나, 죽음이 얼마 남지 않은 B로 들어가는 것이 가장 좋을 것 같다."

"자신이 생각하는 죽음은 어떻게 생겼어?? 상상력을 동원해 보자. 막연히 죽음은 무서운 것이란 표현보다는, 예를 들면 바람 같애? 괴물 같애? 좀 구체적으로 생각해 보자."

"전 괴물 같애요, 아주 공포스러워요."

"지금 그 죽음이 널 불러? 어디까지 와있어?"

"바로 제 옆에요."

"좋아, 모호함, 그 모호함들을 하나하나 채워나가야 해. 잘해 낼수 있을 거야. 내가 상상하고 해석한 것을 한 순간에 믿고 빠져들며 형상화할 수 있는 '**믿음**'이 필요해."

"지금 이 장소는 어디지?"

"병원이요."

"누워 있어? 자는 중이었어? 낮이었어? 밤이었어?"

"전 지금 뇌사 상태입니다. 아무것도 움직일 수가 없어요. 아침이고요."

B는 점점 더 상황을 몸으로 느껴가는 것 같았다.

"옛날에도 자신을 부르는 그 소릴 들었어? 아님 지금 처음 들었어?"

"처음. 지금 처음이요. 두려워요."

"이렇게 어떤 텍스트건 자신이 만든 상황을 믿는 것이 첫 단계야."

"그것이 이루어지면 천천히, 더 천천히 해봐. **천천히 한다는 것은 천천히 함으로 생기는 심리적 시간들을 빈 곳 없이 정서로 여백을 이어갈 수 있다는 것인데 내면이 없으면 절대로 천천히 할 수가 없지.** 그저 물리적으로 하려면 천천히 하지 못하게 되지."

"자, 무언가를 느끼는 것이 시작되었다면 그 대상이 어느 방향에 어떤 모습으로 있는지 더 구체적으로 들어가 볼까? 그것이 너의 뒤, 옆, 앞 어디에 있느냐에 따라 '**소리의 거리와 방향**'이 달라질 거야. 관객은 그것이 멀리 있거나 자신의 코앞에 있다거나 하는 느낌을 화자(연기자)의 언어 행동으로 알아낼 수 있지."

"눈에 보이지는 않을 것 같고 내 주위에 둥그런 형체로 가까이 와 있는 것 같아요."

"서서히 다가왔어? 아님 갑자기 확 다가왔어?"

"갑자기."

"그럼 B의 몸 상태는? 아픈 상태인가? 뇌사 상태라고 했지? 그렇다면 만약 몸을 움직이지 못하는데 공포가 엄습한다면 더 긴박하고 절박할 수 있지 않을까? 사경을 헤매며 호흡이 가빠질 수도 있고 온몸에 열이 날 수도 있고, 모든 구체적인 상황을 다 가지고 들어와야 한단다."

"흥미로운 '**행동**'을 찾아내느냐 못 찾아내느냐가 연기의 관건이지. B가 삶 속에서 이런 비슷한 종류의 공포를 느낀 적이 있니?"

"네. 가위에 눌렸을 때."

"그래. 그럼 그 때 자신이 느꼈던 공포를 최대한으로 증폭시켜 사용해 봐. 그 공포의 대상이 충분히 이길 수 있는 존재처럼 느껴져? 아님 도저히 이길 수 없는, 초자연적인 대상이야? 그 느낌이 첫 줄에 나타나야 해."

"그런 후 첫째 연과 둘째 연 사이에 무슨 일이 일어났기에 둘째 연의 내용이 이렇게 바뀌지?"

"그 공포의 대상이 내 앞에 있는데도 병원 밖 해맑은 날씨를 보고 아직 호흡이 남아 있는 자신을 느끼고 아직 살고 싶다고 애원하듯이 말하고 싶어요."

"지금 B는 '내면독백(subtext)'를 아주 흥미롭게 찾아냈어. 훌륭하다!"

"그렇다면 B는 1행과 2행 사이에 엄청난 심리적 변화를 경험하고 있다. 공포의 대상을 알게 되고 인정하면서도, 창밖의 햇살과 아름다운 세상을 느끼고 살고 싶다는 열망이 다시 솟구쳐 오르는 순간을 말없이 경험하고, 시는 큰 비약을 시도하고 있다."

"이러한 체험이 연기자의 호흡에서 충분히 느껴질 때 관객은 죽어 가는 B의 애절한 마음에 공감할 수 있지 않을까? 이렇게 구체적인 분석이 있을 때 관객은 스스로 읽는 때보다 배우의 정서와 소리를 통해 투영되는 살아 있는 정서의 연주를 듣게 되고 감동할 수 있지 않을까?"

"'한번도 손들어 보지 못한 나를'이란? '손들어 표현할 하늘도 없다'는 뜻은 대체 뭐지? 넌 왜 죽을 수 없다는 거지? 두고 가지 못할 사람이 있나? 여자? 가족? 누구 때문이지?"

"사랑하는 연인 때문에요."

"그 여자를 놔두고 죽을 수 없는 이유가 구체적으로 뭐지?"

집요할 정도로 구체적으로 '제시된 상황' 설정에 대해 물었다. B는 생각지도 못한 구체적인 질문에 때론 당황하고 때론 흥미로워해 가며 대답을 이어갔다. 이렇듯 집요한 질문과 '언어 행동'을 찾는 작업은 계속 이어졌다.

연기를 잘 한다는 건 텍스트를 꿰뚫어 보고 그것을 살아 있는 감정으로 되살려 아름다운 소리에 실어보내야 완성되는 것이다.

B는 이러한 과정에서 머릿속에 이는 감정들과 그것을 소리로 만들어 내는 과정에 혼란을 느꼈다. 좋은 소리와 정서를 가지고 있음에도 이 두 마리 토끼는 쉽게 잡히지 않았다.

허나 그토록 모든 것이 쉬이 이루어진다면 무슨 재미가 있겠는가! 꾸준히 훈련하고 많은 의문들을 자신 안에 품어 하나하나 길을 찾아 간다면 연기자 각자는 그 누구도 흉내낼 수 없는 자신만의 멋진 메소드를 개발해 낼 수 있지 않을까?

시간은 걸리겠지만 그러한 깨달음의 순간들이 존재하지 않는다면 연기를 훈련하는 과정에 무슨 기쁨이 존재할까? 서둘지 말고 천천히 즐겨보면 어떨까?

3. 소설-'음성 연기'로 읽어내는 이야기

시의 낭독을 통해 텍스트를 중심으로 한 훈련의 첫 단계를 충분히 경험하였다면 이제는 소설에 도전해 볼 차례이다. 희곡의 장면으로 들어가기 바로 전단계라 할 수 있다.

시에는 구체적인 드라마와 플롯이 존재하지 않지만, 소설 속에는 희곡만큼 탄탄한 플롯이 존재하고 '제시된 상황', '사건', '갈등', '상호 교류'와 무엇보다도 작가에 의해 이미 정해진 인물 캐릭터가 존재한다.

작가의 서술에 의해 섬세한 부분까지 묘사되어 있어 살아 숨쉬는 인물을 소리와 호흡으로 창조해 보자.

텍스트의 선택

- 소설의 한 부분을 선택하는데 여자인 경우에는 화자가 여성인 소설을, 남성인 경우에는 화자가 남자인 소설을 선택한다.
- 주인공이 나이가 너무 많거나 어려서 쉽게 접근하기 어렵고, 주어진 나이를 연기하기 위해 긴장이 생겨나지 않도록 자신과 나이와 상황 등이 비슷한 인물을 선택한다.
- 사건이 분명하고 인물간의 갈등이 선명한 부분을 선택하고, 선택한 부분이 기승전결의 구조를 가지고 있어 하나의 완벽한 장

면으로 완성될 수 있는 것을 선택한다.

- 비슷한 인물의 유형보다는 전혀 다른 두 인물이 충돌하는 장면을 선택한다. 전혀 다른 내면세계를 가지고 있고, 외형적인 조건도 달라 소리의 색깔이 확연히 구별되는 두 인물을 '음성 연기'로 창조해 보도록 한다.
- 장르를 한정할 필요는 없으나 너무 트랜디한 소설보다는 인물 묘사나 상황 전개가 안정감 있고, 깊이감 있는 것으로 선택해 풍부하고 잘 짜여진 텍스트로 훈련하는 것이 좋다.

인물 창조와 소리

소설 낭독에 있어서는 한사람이 등장하는 모든 캐릭터를 창조해야만 한다. 선택한 소설의 각 부분에는 다양한 배경에 개성 있는 인물들이 등장할 것이고, 그들 중에는 남자도 있고 여자도 있을 것이다. 남자는 때론 여자를, 여자는 때론 남자를 소리로 창조해야 할 것이다.

이러한 과정은 무엇보다도 유용하게 쓰일 수 있다. 사회적 제약과 교육의 영향으로 대부분의 남자는 머리 공명의 사용을 꺼리고, 가슴 위주로 공명하는 경우가 많고, 여자는 주로 가슴을 사용하지 않고 코(안면)나 두성을 쓰는 경우가 많다. 그러나 만일 남자가 두성을 사용하게 되면 훨씬 전달력 있는 소리와 섬세한 감정을 담아 낼 수 있을 것이며, 여자가 가슴 공명을 사용한다면 훨씬 힘이 있고 진실한 소리를 얻을 수 있을 것이다. 소설 낭독 과정에서 성별의 구별없이 다양한 캐릭터를 창조함으로써 이 같은 경험을 간접적으로 이끌어낼 수 있다.

인물 창조와 인물의 소리 창조를 따로 떨어뜨려 설명할 수는 없다. 그것은 하나로 서로 긴밀히 연결되어 있다.

사람들은 각자가 지니고 있는 고유한 정서와 신체적 조건으로 저마다 모두 다른 목소리를 지니고 있다.

연기자가 창조해야 할 모든 캐릭터 역시 그 환경과 조건에 따라 모두 다른 목소리를 지니고 있을 것이다. 따라서 연기자는 배역의 소리를 창조함에 있어서 신체 조건을 고려하여야 한다. 배역의 나이, 직업, 외모 등에 따라 호흡이 달라지고, 그것은 발성 기관에 영향을 미칠 것이다.

또한, 어떠한 인물을 유형적으로 바라보고 막연히 접근한다거나 단순히 어떤 특정한 소리를 만들어 내기 위해 인위적으로 노력하다 보면, 상투적이고 전형적인 인물을 창조하게 될 것이다.

인물의 전형성을 탈피하는 방법 중에 하나로는 **'반대로 연기'**하는 것을 들 수 있다. 예를 들어 「마지막 잎새」에서 존시처럼 죽음을 앞둔 인물을 연기할 때, 인물이 죽음을 기다리고 있고, 이제 삶에 더 이상 희망이 없다는 등의 보여지는 면만을 피상적으로 강조한다면, 그야말로 청순가련형의 전형성을 지닌 심심하고 죽어 있는 인물이 되어 버릴 것이다. 오히려 삶을 기다리고 살고자하는 의지를 보이는 면을 적극적으로 활용하며, 반대급부를 생각하여 찾아낸다면 연기자는 흥미로운 인물을 탄생시킬 수 있을 것이다.

사건

선택한 소설의 부분에는 크든 작든 분명히 '사건'이 존재할 것이다. '사건'은 주인공의 호흡을 변화시키고 호흡은 목소리에 영향을 미치며, 내면의 리듬·템포의 변화는 소리의 리듬·템포, 모양도 변화시킬 것이다.

사건을 인식하고 반응하는 순간의 '**평가**'는 연기자의 연기에서 무엇보다도 중요한 순간이다. 또한 목소리의 조율과 '언어 행동'의 선택은 이러한 평가 이후에 이루어진다.

그러나 사건은 대부분 신체적 긴장을 가져온다. 어떤 사건에 맞닥뜨려 분노 혹은 기쁨 등의 격렬한 감정의 변화를 겪을 때 신체를 이완하여 좋은 소리를 내기란 무척 어렵다. 이러한 긴장은 자연스러운 것이라 할 수 있으나, 이로 인해 소리가 방해를 받는다면 적절한 방법을 강구해야 할 것이다.

심리적인 긴장이 신체의 기관에 영향을 미치지 않도록 훈련해야 한다. 이제 텍스트 안에서 '사건'의 순간을 체험하고, 그에 대한 '평가'와 '행동' 가운데 소리의 변화와 '언어 행동'의 탄생 등을 텍스트를 통해 훈련해 본다.

'포즈'를 쥐고 있다

'포즈'는 그 어떤 '언어 행동'보다도 동적이며, 강력한 것이다. '포즈'는 그 어떤 절규나 비명보다도 강렬하고 흥미로울 수 있다. 배우가 '포즈'하는 순간에 내적인 파동은 오히려 증폭되고 격렬해진다. 또한 배우가 진실한 정서 속에 있는지 아니면 거짓 감정을 연기하고 있는지 쉽게 잡아 낼 수 있는 부분이기도 하다.

그래서 배우의 내면이 역할로서 살아 숨쉬고 주어진 상황 안에서 그것을 믿고 체험할 때만이 과감히 '심리적 포즈'를 쥐고 있을 수 있다. 또한 소위 '포즈를 쥐고 있는 순간'에 자신과의 대화 속에서 내면에 어떠한 감정적 에너지가 발생 하느냐에 따라 그 뒤에 올 텍스트의 의미와 색깔을 변화시킬 수 있고, 심리적으로 크게 비약할 수 있으며, 폭발할 수 있다.

'포즈'는 크게 '**심리적 포즈**'와 '**논리적 포즈**'로 나뉘어 생각할 수 있다. '논리적인 포즈'는 대화나 낭송을 할 때 호흡을 하기 위해서나 상대편에게 이해할 시간 또는 생각할 여유를 주기 위해서 필요한 것이며, 화자 자신도 다음에 올 말을 생각하기 위한 경우도 있다. 만일 포즈가 없다면 리듬과 템포도 생겨나지 않을 것이며 '내면독백'의 정서도 표현하기 어려울 것이다. 즉, 언어의 논리성에서 출발하는 것이다.

'심리적 포즈'는 대사의 정서적 내용을 효과적으로 전달하기 위하여 적당한 음절 끝에서 의식적으로 만들어지는 계획적인 것이다. 이것이 의식적인 포즈라 하더라도 배우는 반드시 그 포즈의 순간을 '**체험**'해 내야 한다. 이렇듯 포즈는 기술적인 논리성을 띠고 있으며, 동시에 무의식적이며 심리적인 것이라고 말할 수 있다.

'포즈'는 심리적 내용에 따른 감정의 표현이며 언어에 생명을 부여하는 중요한 요건이다. 따라서 포즈는 반드시 적당한 길이로 사용했을 때에 효과가 있으며, 만약 정서가 사라지고 난 다음 행동에 필요한 심리적인 시간을 초과했을 때에는 포즈로서 가치를 잃어버린 죽어 있는 시간이 될 것이다.

4. 소설로 배우는 '음성 연기' 수업

1) 마지막 잎새

소설 낭독을 시작하기 전에 소설과 희곡의 차이점에 대해서 질문을 해 보았다.

"소설은 여러 시점에서 서술이 가능하고 작가의 생각이 친절하게

설명되어 있지만, 희곡이란 대사를 통해 인물의 성격이나 상황 등을
오직 대화라는 형식 안에서 모두 표현해야 하는 제약을 안고 있어
요.”

　오늘따라 컨디션이 좋아 보이는 A가 씩씩하게 대답해 주었다.
　나는 내가 연기자로서 어떤 희곡을 만나 인물을 구축해 나가는 과
정에서 희곡에 드러나 있지 않은 부분들을 마치 소설 작가처럼 창작
해 봄으로써 작품 분석과 연기에 큰 도움을 얻는다고 넌지시 귀띔해
주면서, 인물의 자서전을 써본다든가 하는 방법이 배우를 인물의 정
서적 세계로 인도하고, 많은 의문들이 그 과정에서 해결되어 작품이
훨씬 선명해진다고 살짝 조언하였다.

　“희곡 작품을 처음 대할 때 소설 버전으로 바꿔 다시 써보면 같은
스토리 전개라 할지라도 나의 상상력에 의해 수만 가지 버전과 해석
이 가능하다는 걸 알게 될 거야. 그러면 그 과정 속에서 배역에 대
한 새로운 이해와 보이지 않았던 흥미로운 부분들이 들추어지면서
희미하던 인물이 하나씩 옷을 입기 시작하여 형상화되어가는 과정을
경험할 수 있을 거야.”
　“괜찮은 방법이니까 한번 시도해 봐도 좋을 것 같아.”

　학생들은 의외로 눈을 반짝이고 고개를 끄덕이며, 실천을 다짐하
는 듯 보였다.

　“소설의 낭송은 시 낭송과 희곡의 대사 훈련의 중간 단계라고 할
수 있어.
　시는 플롯이 없고 추상적인 이미지를 형상화한 언어들로 구성된

경우가 대부분이지만, 소설은 리얼한 현실의 상황을 담고 있고 플롯이 명확하지. 소설 속에는 대화도 있고, 독백도 있으며, 상대 인물과의 갈등과 복잡한 제시된 상황도 있어, 그리고 무엇보다도 인물의 캐릭터가 있다는 것이 중요하지.

그럼 이제 소설을 통해 그 테크닉을 익혀 보도록 할까?"

오 헨리의 「마지막 잎새」 중에서……

「존시는 눈을 커다랗게 뜨고 창밖을 내다보며 수를 세고 있었다.

"열둘." 하고 그녀는 조금 세고 있다가 "열하나." 이어 "열아홉", 그러다가 거의 동시에 "여덟, 일곱"하고 세었다.

수우는 궁금해서 창밖을 내다보았다.

'뭐가 있어서 세지?'

그 곳엔 그저 살풍경하고 쓸쓸한 안마당과 저 편의 벽돌집의 텅 빈 벽면이 보일 뿐이었다. 부리가 뒤틀리고 섞은 한 그루의 해묵은 담쟁이덩굴이 벽 중간쯤까지 기어 올라가 있었다.

차가운 가을바람이 떨어뜨린 탓인지 잎이 몇 남지 않은 발가숭이 가지가 허물어져가는 벽돌에 매달려 있었다.

"뭐니?" 하고 수우가 물었다.

"여섯" 하고 존시는 거의 속삭이듯 말했다. "이제는 빨리 떨어지기 시작했어. 사흘 전에는 거의 100개쯤 이었는데. 세고 있으면 머리가 다 아팠는데, 하지만 이젠 쉬워. 아, 또 하나 떨어지네. 이젠 남은 건 다섯 잎뿐이야."

"뭐가 다섯 잎이지? 얘기해 보렴."

"잎사귀야, 담쟁이덩굴의 잎. 마지막 한 잎이 떨어질 때는 나도 가는 거야. 사흘 전부터 알고 있었어. 의사 선생님이 그러시지 않데?"

"그런 바보 같은 소리는 들은 적도 없다, 얘." 하고 수우는 몹시 경멸하듯 투덜거렸다.

"마른 담쟁이 잎사귀와 네가 낫는 것이 무슨 관계가 있다고 그러니? 그리고 넌 저 덩굴을 아주 좋아했잖아, 이 말괄량이야, 바보 같은 소리 작작해라. 선생님은 말이야…… 오늘 아침에 네가 곧 완쾌 될 가능성이… 선생님 말씀대로 정확히 말한다면…… 십중팔구라고 하셨어! 그건 뉴욕 시내에서 전차를 타거나 신축 빌딩 밑을 지나갈 때의 위험률과 같은 거야. 자, 이제 좀 스프를 마셔봐. 그래야 내가 좀 안심하고 그림을 그릴 수 있지. 잡지사 편집자에게 그림을 팔아야 앓아누운 우리 아기에겐 포도주를, 먹성 좋은 나한테는 돼지고기를 사올 수가 있잖아?"

"포도주는 이제 살 필요 없어." 하고 존시는 계속 창 밖을 내다보며 말했다. "또 한 잎이 떨어지네! 아니, 스프도 먹고 싶지 않아. 이젠 네 잎뿐이야. 어둡기 전에 마지막 한 잎이 떨어지는 것을 보고 싶어. 그러면 나도 가는 거야."

"존시." 수우는 그녀 위에 몸을 눕히며 말했다.

"내가 그림을 다 그릴 때까지 눈을 감고 창 밖을 보지 않겠다고 약속해 주겠니? 난 이 그림을 내일까지 넘겨줘야 한단 말야. 광선이 필요해서 그래. 그렇지 않다면 커튼을 내리라고하고 싶다만."

"다른 방에서 그릴 수는 없어?" 하고 존시는 차갑게 물었다.

"난 네 옆에 있고 싶어서 그래." 하고 수우는 말했다. "게다가 네가 저 쓸데없는 덩굴을 바라보고 있는 게 싫어서 그런다."

"다 그리고 나면 금방 알려줘야 해." 하고 존시는 눈을 감고 쓰러진 조각처럼 창백하게 조용히 누워서 말했다.

"마지막 한 잎이 떨어지는 게 보고 싶으니까. 난 이제 기다리기에 지쳤어. 생각하는 것도 지쳤고, 모든 것에 대한 집착에서 떠나, 꼭 저 가엾고 고달픈 잎사귀처럼 아래로 아래로 떨어져 내리고 싶어."

"좀 자도록 해봐" 하고 수우는 말했다. "난 베이먼 할아버지를 불러다가, 은둔한 늙은 광부의 모델이 되어 달라고 부탁해야겠어. 곧 돌아올게. 내가 돌아 올 때까지 움직이지 마."」 …(중략)…

난 역시 이 소설을 선택한 이유를 Y에게 물었다. Y는 병에 걸린 존시와 그런 존시에게 단 하나뿐인 친구 수의 존시에 대한 우정, 그리고 존시에게 용기를 주려는 수의 모습, 그럴수록 어두워지는 존시의 모습이 대조를 이루어 흥미로웠다고 대답했다.

"우리는 소설의 어느 한 부분만을 선택하여 낭송하기 때문에 앞에 어떤 상황이 있었는지 앞으로 이야기가 어떻게 전개될 지 지금의 텍스트 상에서는 알 수 없지. 하지만 낭송하는 부분이 하나의 장면으로써 충분히 관객에게 하려는 이야기를 전달해야만 하며, 관객의 상상력을 자극해 감동과 공감을 불러일으켜야 하지.

그러기 위해서 화자(연기자)는 소설 전체를 충분히 이해하여야 하며, 그 장면이 시작되기 전에 어떠한 사건이 있었는가에 대한 인지도 충분해야 하겠지."

"그럼 Y야 이 장면 이전에 이 두 사람에게 무슨 일이 있었던 거지?"

"둘 다 화가 이지만 존시는 아파서 누워있고 수는 포도주와 돼지고기를 사기 위해 그림을 그렸어요."

'제시된 상황'이란 단순히 내용이 아니라 그 이야기가 안고 있는 내적인 상황이야. 인물의 내면을 포함해서 훨씬 더 구체적인 것들을 말한단다.

예를 들어 굉장히 옹색한 방, 겨울이고 너무너무 추위에 지쳐 있는 두 사람이라는 중요한 '제시된 상황'이 있다. 이들은 돈도 없고, 오늘 저녁 당장 먹을 끼니도 없는 형편이야. 게다가 존시는 많이 아프고…… 이런 것들이 지금의 이 장면을 구성하는 요소라 할 수 있지. 그러나 무엇보다도 중요한 것은 이들의 **'상호 관계'**이지. 둘은 물론 친구사이라 하지만 친구사이란 말에는 수만 가지 버전이 존재하지. 이들은 어떠한 친구사이 일까?

이들은 냉정한 현실에 몰려 있어 마치 '벼랑 끝에 서 있는 두 여자' 같은 이미지를 떠올리자…… 마치 영화 '델마와 루이스'의 델마처럼 수는 존시가 죽는다면 자신도 죽어야 한다고 생각하지 않을까?"

"그냥 친한 친구사이라는 것은 너무도 막연해. 또한 나아가서는 어떠한 관계의 두 사람일 때 Y가 이 소설을 통해 이야기하려는 주제와 가장 적합할 수 있는지, 거꾸로 유추해 볼 수도 있지 않을까? 그냥 손을 잡고 있는 두 사람과 벼랑 끝에서 손을 맞잡은 두 사람은 완전히 다른 관계이지.

이 씬의 목표는 두 사람의 애정을 표현하는데 있다.

정말 이야기하고 싶은 게 뭔가? 하는 목표를 정리하고 나면 캐릭터에 대해 한층 구체적으로 접근할 수 있어. 존시와 수는 어떤 인물들이지?

우선 텍스트에 있는 정보를 바탕으로 정리해 보고 어떻게 하면 좀더 매력인 인물로 탄생시킬 수 있는지 생각해 보자."

Y가 열심히 대답했다.

"존시가 가냘프다면 수는 통통한 것 같아요… 목소리 톤도 다를 것이고… 존시는 목소리와 숨소리가 무척 약할 거예요. 호흡도 가슴으로 하구요… 하지만 수는 존시의 옛 모습을 잊지 않고 있고 존시가 죽어간다는 사실을 인정하고 싶지 않아해요."

"그렇구나! 하지만 우리가 흔히 빠지는 함정이 있어. 존시 같은 인물을 연기할 때 죽어간다는 사실에 너무 잡착하다보면 전형적인 인물로 그려질 확률이 매우 높아, 이런 함정에서 나오는 방법이 뭘까?"

한동안 침묵으로 학생들 스스로 생각해 볼 시간을 주었다.

"이 세상에 죽고 싶어하는 사람은 없을 거야. 심지어 자살을 결심한 사람들도 살고 싶어 발버둥을 치지. 살고 싶은 사람, 미치도록 살고 싶은 사람이 죽어가는 상황 안에 놓여야 드라마가 살아있지 않을까?"
"죽음을 초연하게 받아들인다면 이 장면에서의 갈등은 약해지고 존시를 연기하는데 매너리즘에 빠지기가 쉽단다."

2) 11분

M이 준비해온 「11분」이라는 소설의 한 부분을 읽기 시작했다. M은 자신에게 적절한 텍스트를 선택한 듯했다. 처음 읽고 있지만 이미 상황 속에 텍스트 안으로 깊이 개입되어 있었고 자신도 즐기고 있는 듯 보였다. 또한 이러한 에너지에 상응하듯 강의실의 학생들은 어느새 소설의 내용에 키득키득거리는 반응까지 보내고 있었다.

파울로 쿠엘류의 「11분」 중에서……

「그녀는 어린 시절의 실수를 되풀이 하지 않았다. 그와 이야기를 나누고, 친구가 되었고, 영화관과 축제에 함께 다녔다. 그녀는 또 다시 확인할 수 있었다. 사랑은 상대의 존재보다는 부재와 연결되어 있다는 것을 그와 함께 있을 때보다 혼자 있을 때 사랑은 증폭되었다. 그녀는 끊임없이 그 청년이 보고 싶었다. 그녀는 다음에 그를 만나면 뭐라 말할까 궁리하느라 자신이 잘 하거나 잘못한 것을 되짚으며 함께 나눈 매 순간을 떠올리느라 많은 시간을 보냈다. 그녀는 자신이 이미 뜨거운 정열을 불태웠고, 그래서 사랑의 아픔을 잘 아는 경험 많은 처녀라고 상상했다. 그녀는 그와 결혼하기 위해서라면 온 몸과 영혼을 다해 싸우기로 결심했다. 그와 함께라면 결혼과 아기, 바다가 내려다보이는 집, 그 모든 것에 다 닿을 수 있을 것 같았다. 그녀는 엄마에게 이런 마음을 털어 놓았다.

"아직은 너무 일러."

"하지만 엄마는 열여섯에 아빠와 결혼했잖아."

뜻하지 않은 임신 때문이었다고 말할 수 없었던 어머니는 시대 타령으로 마리아의 말을 막았다.

"그 때하고 지금은 다르잖니?"

이튿날, 마리아와 청년은 교외로 바람을 쐬러 나갔다. 잠시 잡담을 나누다가 마리아가 여행을 떠나고 싶지 않냐고 묻자 그는 대답 대신 그녀를 품에 안으며 키스를 했다. 생의 첫 키스! 그 순간을 얼마나 꿈꿔왔던가 주변의 풍경도 여느 날과 달랐다. 하늘을 나는 외가리, 석양, 거친 아름다움을 지닌 황량한 들판, 그리고 멀리서 들려오는 희미한 음악소리. 마리아는 그를 밀어 내는 척 하다가 힘껏 끌어안았다. 그녀는 영화와 잡지, 텔레비전에서 수없이 본 동작을 따라했다. 다소 어색하게 고개를 이쪽저쪽으로 젖히며, 자신의 입술을 그에 입술에 대고 이쪽저쪽으로 꽤나 격렬하게 비벼 댔다. 때때로 청년의 혀가 자신의 앞니에 와 닿는 느낌이 무척이나 달콤했다. 갑자기 그가 키스를 멈추고 물었다.

"하기 싫은 거야?"

뭐라고 대답해야 하지? 키스를 원하느냐고? 물론 원했다. 하지만 여자는 쉽게 허락해서는 안 되는 법이다. 특히 남편감에게는 그랬다 간 누구에게든 쉽게 허락하는 여자로 의심받게 될 테니까 그녀는 아무 말도 하지 않는 쪽을 택했다.」 …(중략)…

텍스트를 읽는 동안 마치 자신의 이야기를 하는 듯 생생하게 살아 있는 M을 보면서 나도 즐거워졌으며, M의 이러한 자발적 상태를 놓치지 않게 하기 위해 비교적 가벼운 질문부터 시작하였다.

"여기서 '그녀'가 몇 살이지? 그리고 어떤 심정일까?"

"열다섯 살이고 말 그대로 순수한 십대 아닐까요?"

"보여지는 모습으로 이야기 하지 말자. 그건 우리가 객관적으로 볼 때 그런 것이고 그녀 자신은 어떨까?"

"뭐 계산하고 상대에 대해서 따지려 하고 분석하고 하는 것이 아니라……"

나는 M의 말을 막았다.

"객관적으로 이야기 하라는 것이 아니야. 그래서 지금 M이 이 소녀로서 어떻게 느끼지?"

"저요? 어린 시절의 실수를 되풀이 하고 싶지 않아서 좋아요."

M이 나의 말을 금방 알아듣고 일인칭으로 관점을 수정하였다.

"그래! 그럼, 그렇게 해 보자. 더 당당하고 너무 자랑스럽게. '허!

내가 또 그럴 줄 알았지? 이번엔 아니야!'라는 식으로…… 이 소설은 듣는 이가 가만히 미소 지으며 M을 귀엽게 바라봐야 할 것 같아.

M은 확신에 가득 차 있어. 지금 자신의 생각이 불과 한 몇 개월 후에 전혀 다르게 바뀌어질 것이라는 걸 모르잖니?

더욱 확신에 차서해 보자. 듣는 사람들은 잃어버린 열다섯 살, 그 순수함을 사고 싶은 거야. 첫 키스도 못 해본 때의 그 설레임을 M에게 우리는 사길 원하는 거지. 다시 해볼까?"

M이 다시 텍스트를 읽었다.

「그녀는 어린 시절의 실수를 되풀이 하지 않았다.」

M은 나의 코멘트를 보여주려고 했다. 설명하기 위해 부자연스레 눈동자를 굴리고 목소리는 바로 자연스런 발성에서 가식적이고 긴장된 소리로 바뀌었다.

자신의 내면에서 그러한 감정적 체험을 불러일으켜 기관이 그에 따라 자연스레 반응하도록 해야 한다.

"아니야, 지금은 그런 척하려 하는 거고, 네 스스로가 너무나 뿌듯하고, 자신이 너무 똑똑하게 느껴지고 그랬던 경험 없니?"

"어렸을 때는 그것이 정말 옳은 거라 믿고 확신에 차서 한 행동이 시간이 흘러 생각해 보니 정말 아무 것도 아니었고, 오히려 후회를 한 적이 있어요."

"그럼, 그때를 생각해 보자. 기억나지? 확신이라는 감정을 확대해 보자. 너무나 큰 진리를 발견한 자신이 정말 대단하고 기특하다고 생각하고 자신을 칭찬해 볼까? 더 잘난 척 하면 할수록 귀여워. 다시 해봐."

M이 다시 읽기 시작했다.

「그녀는 어린 시절의 실수를 되풀이 하지 않았다. 그와 이야기……」

"더! 확장 하자! 왜 눈을 이렇게 뜨고 저렇게 뜨는 애들 있잖아. 그런 액션을 실제로 하지 않더라도 신체·심리적 표현이 그렇게 되지 않을까? 어떻게 할까를 생각하지 말고, 그 때 정서를 더 생각해 보자.

그 때 당시 너의 교만함을 생각해. 지금 이 순간이 너무 뿌듯한 거지. '홍! 니들은 모르지?' 그런 거 있잖아."

M은 비교적 잘 해내었다. 눈동자를 굴려보라는 주문이 그녀에게 효과가 있었던 것 같다. 신체적 행동이 그녀의 음역을 조금 높은 곳으로 옮겨놓았고, M은 '홍! 니들은 모르지'라는 '내면독백'도 잘 활용 하였다.

「그녀는 또 다시 확인할 수 있었다?」

"응, 이제 다 안 것처럼 포즈 둬볼까? 여기에서의 포즈는 강조를 위한 **'논리적 포즈'**이기도 하고, 큰 깨달음에 대한 **'정서적 포즈'**이기도 하지."

「사랑은 상대의 존재보다는 부재와 연결되어 있다는 것을」

"너무 큰 깨달음인 듯한데… M의 생각은 어떠니?"

M은 그 큰 발견을 강조하기 위해 본능적으로 '~것을'의 호흡을 멀리 밀었다. 허나 기관이 아직 훈련되어 있지 않아 큰 효과를 거두지 못하는 '언어 행동'에 머물렀다. 나는 다시 한번 문장을 좀더 세게 호흡으로 밀 것을 주문하였으나 역시 소리가 긴장될 뿐 기관을 제대로 사용하고 있지 않았다.

「그와 함께 있을 때 보다 혼자 있을 때 사랑은 증폭 되었다.」

"응, 그것이 너무 놀라워 M한테는… 사랑이 '함께' 있을 때보다 '혼자' 있을 때 증폭된다는 것이?"

M이 너무 서두르고 있었다. 흔히 이러한 장면에서 연기자는 서두르게 되는데, 정서적인 변화를 심리에 앞서 말로 표현하려는 의욕이 앞서기 때문이다. 이러한 부분일수록 천천히 음절 하나하나를 음미하며 생각을 씹어 보자.

「그녀는 끊임없이 그 청년이 보고 싶었다.」

"문장은 내면에서 그 청년을 먼저 보고, 바로 호흡과 신체가 반응을 하고, M은 오히려 숨기려 하지만, 그 정서가 먼저 미소로 뛰어오르게 연습해 보자. 우선 내면을 극대화시켜 보자. 그럼 청년을 좋아하는 내면과 들키지 않으려는 외형의 행동이 부딪히며 재미있는 있는 '언어 행동'을 창조할 수 있어."

「그녀는 자신이 이미 뜨거운 정열을 불 태웠고, 그래서 사랑의 아
픔을 잘 아는 경험 많은 처녀라고 상상했다.」

"'경험 많은 처녀'를 강조해 보자. 작가의 비아냥거림이! 실감나게
살아날 수 있도록 해보면 어떨까?
이때 관객의 심정을 대변하는 위트 있는 문장은 관객을 더 끌어
들일 수 있을 거야."

「그녀는 그와 결혼하기 위해서라면 온몸과 영혼을 다해 싸우기로
결심했다.」

"여기서 더 결심이 보여야 해. 더 다짐이 들어가 있어야겠지. 내면
으로 조금만 낮은 음역으로 더 강하게 이야기해 봐. 네가 생각하는
'온 몸'과 '온 영혼'을 생각하면서 한번 더 과장해 봐. 귀엽게만 말
고 이를 악 물고 '결심했다!' 이렇게 해야지 재미있어."
"결혼이 주인공 여자한테는 인생 최대의 목표야. 결국 이 목표가 주
인공의 평생을 흔들어 놓잖아! 음역을 낮춰 보자! 더욱 가슴 아래쪽
횡격막에 신경을 집중하고 소리가 그 곳에서 나온다고 상상해 보자.
약간의 포즈와 오버액션을 써보는 것이 어때? 일단 행동하면 심리
가 생겨날 수도 있으니까…… 일단 '그녀는 그와 결혼하기 위해서라
면'에서 포즈를 두고, 더 복받쳐서 '오~~온 몸'과 '오~~온 영혼을
다해'를 더 오버해봐. 여기가 포인트다."

「그와 함께라면, 결혼과 아기, 바다가 내려다보이는 집?」

"여기서부턴 상상의 나래를 펴는 거지. '결혼' 다음 포즈! 그 다음 엔 무슨 말이 나올까? '아기' 포즈……. 이제 시선을 머얼리 보며 그 리고 바다가 내려다 보이는 집?"

"앞서 공부한 영상 기법을 사용해 보면 어떨까? 눈앞에 영화 같은 구체적 영상을 떠올려 보자."

「그녀는 엄마에게 이런 마음을 털어 놓았다.」

"이제 다른 호흡이지? 이제 눈앞에 보는 것은 설득해야 할 엄마 야! 상상의 나래를 접고 냉정한 현실로 돌아오자! 호흡과 소리가 달 라지는걸 느낄 수 있니?

더 비장하게! 이 행복을 지켜내기 위해서…… M은 어떻게 할까? 그 감정이 자신의 내면에서 자연스럽게 만들어지려면 앞의 상황들을 충분히 체험했을 때 가능할 거야.

그래서 텍스트 훈련에 있어서 맨 앞에 시작이 잘 되지 않으면 뒤 도 당연히 찾아갈 수 없게 되는 거지."

「아직은 너무 일러.」

"이제 다른 등장인물인데, 엄마는 어떨까?"

"대꾸할 것도 없이 그냥 타이르는 거 아닐까요?"

「하지만 엄마는?」

"문맥상으로 무미건조한 엄마는 아닐 것 같고 목소리 음역을 좀 바꿔볼까? 낮게…….

　엄마의 등장이 이부분에서 굉장히 짧고, 구체적인 묘사와 설명이 없으며, 전체 소설 상에서도 중요한 등장인물로 다루어지지 않고 있어. 허나 연기자에게는 그 인물 하나하나에 호흡을 불어 넣어 살아 숨쉬게 만들어야 할 의무가 있어…… 순간 엄마가 너무 깜짝 놀랄 것 같애. 엄마가 마음을 정리하는 시간을 위해 포즈주고 엄마로부터 과연 어떤 반응이 나올까? 관객들도 숨죽여 기다리도록."

　"러시아 말로 포즈를 '쥐고 있는다'고 해. 배우가 얼마만큼 포즈를 잘 쥐고 있느냐에 따라 효과는 달라지지.

　포즈는 생생히 살아 숨쉬는 강렬한 시간이란다. 포즈는 빈 공간일 때 이미 포즈가 아니다."

　"다음 문장은 오버랩이야! '아직은 너무 일~~ **하**지만 엄마는 열여섯에 아빠와 결혼했잖아!' 이 중간의 오버랩을 살려서.

　그리고 나선 포즈를 두고 다시 해설자로 돌아와서 '뜻하지 않은 임신때문이었다고 말할 수 없던 어머니는 시대타령으로 마리아의 말을 막았다.'

　이 부분은 해설자와 주인공 M이 동시에 서로에 입장에서 급박하게 호흡을 바꾸며 구성되어 있어. 신속히 작가의 입장을 넘나들며 호흡과 소리의 조율이 필요한 부분이다.

　그것을 엄마의 심정으로 해줘야 해야 한다. 엄마의 느낌이 이 문장 안에 살아야 돼. 엄마의 대사는 말을 좀 더듬을 수도 있겠지. 심리적 정서는 혀에 영향을 미치거든. '그… 그… 때하고 지금…, 지금은 다… 다르잖니' 이런 식으로"

　「이튿날, 마리아와 청년은 교외로 바람을 쐬러 나갔다. 잠시 잡담

을 나누다가 마리아가 여행을 떠나고 싶지 않냐고 묻자 그는 대답 대
신 그녀를 품에 안으며 키스를 했다.」

"결정적인 순간이지. M이 첫 키스했던 순간을 생각해 보아. 너무
나 큰 '사건'인데 그런 느낌이 전혀 없잖아. 여행을 떠나고 싶지 않
냐고 묻자 그 후엔 눈부터 동그랗게 뜨고 먼저 상상해야 해.

먼저 영상을 보고 그 다음 문장을 시도해 보자. 하지만 그렇다고
말이 너무 빨라져선 안 돼. 스피드하고 감정의 볼륨하고는 달라. 그
결정적인 순간의 일분일초가 관객들로 하여금 상상이 될 수 있게
끔⋯⋯. 마치 슬로우 비디오를 보는 것처럼 해 보자.

심리적 시간은 느리고 물리적 시간은 빠른 거지 그걸 소리로 담아
내 보자⋯⋯."

「주변 풍경도 여느 날과는 달랐다. 하늘을 나는 외가리, 석양, 거
친 아름다움을 지닌 황량한 들판, 그리고 멀리서 들려오는 희미한 음
악 소리?」

"'외가리' 사실 얼마나 무드 없니? 어감이 웃긴 말은 더 강조하여
재밌게 표현할 수 있어. 그러나 석양, '거친 아름다움을 지닌 들판'
을 말할 때는 마치 시인이 된 듯 말하면 대조가 되어 재미있겠지?"

「마리아는 그를 밀어내는 척 하다가 힘껏 끌어안았다.」

"좀 작은 소리로 시작해서, 그러니까 볼륨을 작게 하라는 것이 아
니고 좀 더 속삭이듯이 시작해서 힘껏을 한껏 강조하며 호흡을 당겨
줘 봐. 정말 갑자기 힘껏 확 끌어안듯이!"

M의 경우에는 '음성 기관'의 훈련이 숙제로 남겨졌다. 감성은 풍부하나 이를 살아숨쉬게 만들 강력하고 예민한 기관이 필요한 것이다.

3) 마지막 수업

오헨리의 「마지막 수업」 중에서…

「별수 없이 나는 문을 열고 그 정적 속으로 들어서야만 했습니다. 내가 얼마나 부끄럽고 두려웠는지는 짐작이 갈 것입니다. 그런데 이상한 일이었습니다. 아멜 선생님은 화도 내지 않고 나를 쳐다보시며 아주 부드럽게 말씀하셨습니다.

"프란츠, 빨리 네 자리로 가거라. 너를 빼놓고 수업을 시작할 뻔했구나."

영문도 모른 채 나는 얼른 자리에 앉았습니다. 자리에 무사히 앉고 나니 두려움이 없어졌습니다. 그제야 나는 겨우 우리 선생님의 모습이 다른 날과 다르다는 것을 알아챘습니다. 누가 시찰을 오거나 상을 주는 날이 아니면 안 입으시는 아름다운 초록색 프로코트에 가늘게 주름 잡힌 레이스의 장식을 가슴에 달고 수놓은 검은 비단 모자를 쓰고 계셨던 것입니다. 뿐만 아니라 교실 전체에 알 수 없는 고요와 엄숙함이 깃들어 있었습니다. 그 중에서도 특히 나를 놀라게 한 것은 언제나 비어 있던 교실 뒷편 의자에 마을 사람들이 조용히 앉아 있다는 것이었습니다. 세모꼴 모자를 쓴 오젤 노인, 예전에 읍장이었던 분, 옛날 집행 위원이었던 분, 그리고 또 다른 마을 사람들이 앉아 있었습니다. 그들의 표정은 모두 슬퍼 보였습니다. 오젤 노인은 커다란 안경을 쓴 채 무릎 위에 올려놓은 달아 빠진 문법책을 들여다보고 있었습니다. 이러한 낯선 분위기에 놀라고 있는 사이에 아멜 선생님이 교단 위로 올라가서 조금 전 내게 말했던 것처럼 부드럽고 엄숙한 목소리로 말씀하셨습니다.

"여러분, 오늘이 내가 여러분을 가르치는 마지막 수업 입니다. 알 사스와 로렌 지방의 학교에서는 독일어만을 가르치라는 명령이 내려 왔습니다. 새로운 선생님이 내일 오실 겁니다. 오늘은 여러분의 마지 막 프랑스어 수업입니다. 아무쪼록 열심히 들어 주시기 바랍니다." 그 말에 나는 몹시 당황 했습니다. '맙소사, 면사무소 앞에 붙어 있었던 것이 바로 이 내용이었구나.' 나의 마지막 프랑스어 수업! 그러나 나 는 아직도 프랑스어를 제대로 쓸 줄을 몰랐습니다. 그래 이제 영원히 프랑스어를 못 배우는구나. 이런 상태로 이렇게 머물러 있을 수밖에 없으리라. 나는 그 동안 시간을 헛되게 흘려보낸 것과 새 둥지를 찾 아 돌아다니던 일, 강에서 썰매를 타느라 수업을 빼먹은 일들을 생각 하며 얼마나 뉘우쳤는지를 모릅니다. 조금 전까지만 해도 그렇게 따 분하고 지겹게 느껴지던 문법책, 위대한 역사책들이 이젠 헤어지기 섭섭한 오랜 친구처럼 정겹게 느껴졌습니다. 아멜 선생님에 대해서도 마찬가지였습니다. 이제 선생님이 떠나시면 다시는 뵙지 못한다는 생 각이 들자 벌 받은 일, 자로 얻어맞은 일도 까맣게 잊게 되고 말았습 니다.」…(중략)…

D는 우리에게 「마지막 수업」의 한 부분을 읽어 주었다.

"이 아이는 지금 몇 살이고, 문을 열고 들어가기 전까지 무슨 일 이 있었던 거지? 정적과 고요함, 혼날까봐 두근두근거리고… 이런 경 험은 누구에게나 있지? 오늘도 놀러 가고 싶은데 어쩔 수 없이 왔어.

'별 수 없이 난 문을 열고 그 정적 속으로 들어서야만 했습니다.'

여기서 '별 수 없이'가 어떻게 별 수 없지? 그 전에 도대체 어 떤 상황이 있었길래? 이 아이가 어떤 심정으로, 얼마만한 우여곡절을 딛고 여기까지 온 거야?"

D가 할 말을 잃고 멍하니 서 있었다. 생전 그런 것은 생각해 본 적도 없다는 표정이었다.

"어린 아이가 학교를 가야하는데 선생님께선 이미 와 계시고 혼날까봐 두렵고, 조용하고 뭔가 심상치 않은데 그냥 돌아갈까? 그래도 그럴 순 없어, 뭐 이런 상황에서 '별수 없이'라는 말이 나오겠지. 식은땀이 등 뒤에서 송글송글 맺히고, 이마에서 땀이 삐질삐질 나지… 특히 어린 아이가 이런 감정을 느끼고 있다고 생각해 봐."

"나한테도 어렸을 적에 그런 경험이 있어. 너희는 그런 경험 없니? 난 중학교 때 학생 주임 선생님이 굉장히 무서웠어. 뭐하나 잘못하면 그 자리에서 때리시는데 그 분이 제일 많이 단속하는 것이 실내화였거든. 근데 꼭 일년에 한번 씩은 실내화를 안 가져오게 되잖아. 발이 너무 시려서 몰래 실외화를 신었는데, 그만 딱 걸려서 교무실로 불려가 벌을 섰단다. 특히 남녀 공학이면 더 창피하겠지. 사람들 앞에서 너무나 창피했던 그런 경험 다들 있지?"

"그리고 천천히 읽어라. 그런 심리 상태가 표현될 수 있는 틈이 있어야지. 그리고 들어가기를 망설이는데 어디까지나 아이의 심정으로, 너무 서정적이지 않게 '아이처럼' 해봐.

"그리고 D가 밖에서 활동할 때 누굴 따라하면서 연기를 많이 배운 것 같아. 나를 따라하려 하지 말고 무언가를 너의 내면에서 끌어내봐."

「내가 얼마나 부끄럽고 두려웠는지는 짐작이 갈 것입니다. 그런데 이상한 일이었습니다. 아멜 선생님은 화도 내지 않고 나를 쳐다보시면서 게다가 아주 부드럽게 내게 말씀하셨습니다.」

"정말 '이상한 일'이어야 돼. 아이의 눈으로 보았을 때 그 사실이 너무 의외인 것을 나타내 줘야지."

「"프란츠, 빨리 네 자리로 가거라. 너를 빼놓고 수업을 시작할 뻔했구나."」

"좀 더 아이에게 말하듯 해야 상황이 설정되지. 듣는 이로 하여금 이 말이 누가 누구에게 하는 말인지 알게 해주어야 한다. '**상호 관계**'가 드러나 보이도록, 또 선생님의 평소와 다른 태도가 대사에 살아나야하지 않을까?"

「그제야 나는 겨우 우리 선생님의 모습이 다른 날과 다르다는 것을 알아챘습니다. 누가 시찰을 오거나 상을 주는 날이 아니면 안 입으시는 아름다운 초록색 프로코트에 가늘게 주름 잡힌 레이스 장식을 가슴에 달고, 수놓은 검은 비단 모자를 쓰고 계셨던 것이었습니다.」

"이 부분을 아주 아름답게 묘사해야 해. 눈앞에 그 옷을 보자. '아름다운 의상의 슬픈 날' 말이지."

「선생님께서 부드럽고 엄숙한 목소리로 말씀하셨습니다.
"여러분, 오늘이 제가 여러분을 가르치는 마지막 수업 입니다. 알사스와 로렝 지방 학교에서는 독일어만을 가르치라는 명령이 내려 왔습니다."」

"진짜 이 선생님의 심정이 돼야 해. 모국어 시간이 없어지는 현실을 아이들 앞에서 말해주어야 하는 시간이야. 똘망똘망하게 선생님을 쳐다보고 있는 아이들 앞에서 마지막 인사를 하는 시간! 어떤 심정일까? 이야기가 쉽게 나올까?"

"그리고 D는 마치 대학생들 앞에서 말하는 것 같아. 초등학생들에게 말하는 거야. 그래야 이 소설의 '분위기'가 전달된다. 어린 아이들에게 이 슬픈 현실을 이야기 해야만 되기 때문에 이 소설이 슬픈 거지. 선생님이 목이 메일 거야."

"우리나라 일제 시대 때의 어른들을 생각해 봐. 국어를 못 배우고 일본말을 했어야 하는 그 현실에 대해 TV 등에서 목이 메어 이야기하는 걸 봤지?

그렇다고 처음부터 목이 메일 것을 미리 알고 작은 소리로 시작하지 말고, 처음엔 큰 소리로 말하려 하지만 점점 목이 메이는 거겠지. 평상시처럼 말하려 하지만 감정은 복받치고 그런 상태. 그리고 '알사스와 로렝 지방'이 중요한 게 아니라 '독일어만을 가르치라는' 말이 더 중요하게 강조되어야겠지."

"또 한 가지는 D가 계속 같은 포즈에 같은 템포로 가고 있다는 거야. 그렇게 되면 관객이 예상을 하고 기다리게 돼. 포즈로 관객의 허를 찔러야 지루하지 않겠지?

네 감정이 움찔할 때 있잖아. 심하게 파동칠 때, 예를 들면 '나는 그 말에 몹시 당황했습니다.' '포즈 두고' 이젠 확 바뀐 템포로 '맙소사! 하면서 사무소 앞 게시판에 붙어 있던 것이 이 내용이었구나' 하는 식의 밀고 당김이 있어야지."

D는 실제로 보여주면 잘 해냈지만 스스로 분석하고 찾아가는 능력이 부족했다. 그동안 너무 감성적으로만 연기를 접근해서 분석을 통해 '제시된 상황'을 찾아내고, 그에 따른 내면의 심리를 파악하고, 행동을 만들어 내는 과정에 미숙했다.

연기란 심리적이고 신체적이며 동시에, 이성적인 과정이다. 이러한 과정들이 서로 조화를 이룰 때 진실된 연기를 할 수 있을 것이다.

혼히 연기를 감정적으로만 접근하려는 경향이 있는데 그것은 배우를 자신의 감정 안에서 표류하게 만들 것이며, 전형적인 인물을 만들어 내는 결과를 가져올 것이다.

"그래, 잘했다, D야! 선생님의 감명 어린 연설이 포인트다. 기대해 보겠어."

참고 문헌

문영일, 『올바른 발성』, 靑佑, 2000.

척 존스, 허은·김숙경 역, 『배우를 위한 음성훈련』, 예니, 2000.

한국예술종합학교연극원, 『화술 자료집 2』, 2001.

르삭, 김숙희 편역, 『르삭기법의 발성과 스피치』, 도서출판 연극과인간, 2005.

한명희, 『연기자를 위한 발성훈련 핸드북』, 예니, 2004.

안나 살로비에나, 김태훈 편역, 『스따니슬랍스끼의 삶과 예술』, 태학사, 2002.

И.П.Козлянинова-профессор, И.Ю.Промптова-профессор 「СЦЕНИЧЕСКАЯ РЕЧЬ」, 1995, 「ГИТИС」

이항나 (李姮奈)

동국대학교 예술대학 연극영화학과 쭈
러시아 국립 말리극장 부설 쉐프킨 연극 대학 연기 실기 석사(M.F.A)
現 경기대학교 연기학과 전임교수
　　극단 '떼아뜨르 노리' 대표
　　(사)아시아 청년 예술가 육성협회 연기예술분과 위원장

연출작　최인훈 作 <봄이 오면 산에 들에>(1994)
　　　　사무엘 베케트 作 <고도를 기다리며>(1995)
　　　　안톤 체홉 원작, 이항나 각본 <6호실>(1999)
　　　　에쿠니 가오리·츠지 히토나리 作 <냉정과 열정 사이>(2003)
　　　　로저 코만 作 뮤지컬 <리틀샵 오브 호러스>(2005)
　　　　이항나 作 드라마 전시 <그녀의 방 시즌1>(2005)
　　　　제니 린더스作 뮤지컬 <메노포즈>(2006)
　　　　이항나 作 드라마 전시 <그녀의 방 시즌2>(2007)
　　　　조나단 라슨 作 뮤지컬<틱틱붐>(2010)
　　　　김애란 作, 이항나 각본 드라마 전시
　　　　<그녀의 방 시즌3: 노크하지 않는 집>(2013) 외 다수

출연작　<유리가면>(1999), <사천의 착한 사람>(2000)
　　　　<차.이.다>(2001), <사랑을 선택하는 특별한 기준>(2002)
　　　　<Kiss the wind>(2005), <사랑은 흘러간다>(2006)
　　　　<갈매기>(2006, 2007), <오픈 커플>(2008)
　　　　<클로져>(2008), <낮잠>(2009)
　　　　<휘가로의 결혼>(2010), <아시안 스위트>(2011)
　　　　<이웃집 발명가>(2012), <가을 반딧불이>(2013)
　　　　<래빗홀>(2014), <나생문>(2015) 외 다수

영화　<송어>(1999), <변호인>(2013), <4등>(2016)

수상　제36회(2000년) 동아연극상 연기상
　　　사단법인 한국연극협회 '우수공연 BEST 5' 연기상

음성 연기를 위한 호흡·소리훈련

1판 1쇄 펴냄 · 2005년 11월 20일
2판 2쇄 펴냄 · 2022년 8월 25일
지은이 · 이 항 나
펴낸이 · 박 성 복
펴낸곳 · 도서출판 **연극과인간**
서울특별시 강북구 노해로25길 61
등록 · 제6-0480호 / **등록일** · 2000년 2월 7일
대표전화 · (02) 912-5000 / **팩스** · (02) 900-5036
http://www.worin.net

ⓒ 이항나, 2005

ISBN 978-89-5786-738-9 93680

값 11,000원